「さみしさ」の力

孤独と自立の心理学

榎本博明 Enomoto Hiroaki

★──ちくまプリマー新書
351

目次＊Contents

挿絵　きじまももこ

はじめに

青年期になると、自我が目覚めるとともに、さみしさを感じるようになると言われる。でも、さみしさは、幼い頃からだれもが感じたことがあるはずだ。ただし、青年期になると、さみしさの形が変わるのだ。

僕は、幼い頃からさみしさとともに生きていたような気がする。まだよちよち歩きだった頃から、出勤する母と一緒に家を出て、外の渡り廊下のようなところで見送るのが、毎朝の日課だった。

ところが、ある時、その渡り廊下のようなところを乗り越えて向こう側に行った母を見送った後、なぜか僕も必死によじ登って乗り越えた。すでに母の姿はなく、後を追うつもりでとぼとぼ歩いているうちに道に迷い、泣いていると男の人が近づいてきた。そのうち母が笑いながら駆け寄ってきた。すべては断片的な記憶だ。

幼い頃を振り返ってみよう。似たような記憶はないだろうか。どこかで迷子になって心細い思いをした記憶とか、自分だけ取り残されたみたいでさみしい気持ちになったりした記憶とか。心理学の研究によれば、おおよそ三歳くらいまで記憶は遡れることがわかっている。

小学校低学年の頃のことは、もう少し鮮明に覚えている。毎日放課後に友だちと遊ぶのだが、夕方になるとほとんどみんな家に帰ってしまう。そこで残るのが、僕ともう一人だけ。当時は共働きが珍しい時代で、共働き世帯の二人だけが最後に残るのだった。高校生の頃、仲の良い友だちから、「人懐っこいところがあるよね」などと言われたが、それは別れ際にスパッと別れずに行動を共にしたがる傾向があったからだろう。鍵っ子の習性が、そんなところにもあらわれていたのかもしれない。

今は共働きも珍しくない時代なので、こうしたさみしさは、多くの子どもたちが感じているのかもしれない。

だが、青年期を特徴づけるさみしさは、もう少し様相が異なる。

青年期になると、自分の内面に目が向かうようになる。そこで、他のだれとも違う自分を意識する。一番身近な存在であるはずの家族にもわからない自分がいることに気づく。親にもわかってもらえない自分がいる。

わかってもらえないというのは、ちょっと違うかもしれない。むしろ、心の内を覗かれたくない、干渉されたくないといった思いの方が勝るようになる。自分の領域に立ち入られたくないといった思いが強まり、何か言われるたびに反発心が湧いてくる。これまで頼ったり甘えたりしてきた親に対して、鬱陶しさを感じるようになる。

そんなとき、ふとさみしさが込み上げてくる。自分の足場が頼りなく感じられ、この世の中に一人ぼっちで投げ出されているような心細さに襲われ、無性にさみしくなる。

だからこそ、だれかにわかってほしいという思いが強まる。少し前までは、一緒に遊ぶ仲間を求めたものだが、しだいに内面を共有する友だちを求めるようになる。何でも話せる友だちがほしくなる。

でも、現実はというと、何でも話せる友だちなど、そう簡単にできるものではない。

友だちと学校で一緒にいるときは、それなりに楽しく過ごしているつもりでも、家に帰って、夜一人で机に向かっているときなど、「自分は何をしてるんだろう?」といった思いに駆られ、自己嫌悪に襲われることも珍しくない。

みんなで楽しく盛り上がっても、上辺だけのつきあいでは何だかさみしい。夜になって振り返ってみると、昼間の自分は思考停止に陥っていたのではないかと感じられたりもする。

そんなときは、布団の中に入っても、すぐには眠れず、あれこれ考えてしまう。昼間の出来事が頭の中を駆けめぐる。「ウケ狙いの話じゃなくて、もっと違うことを話したかったのに」「なんであんなことばかりしゃべってしまうんだろう」などと、もどかしく思う。将来のことも気になる。「この先、自分はどうなっていくんだろう?」などと、あれこれ思い悩んでは、自分の立っている足場が崩れ落ちていくような不安に襲われたりする。

このように、親に温かく包まれて生きていた子ども時代と違って、青年期になると、親から切り離された自分を意識し、自分の思うように生きたいと思いつつも、痛切なさみしさを噛《か》みしめて生きるようになる。

ただし、相変わらず親に温かく包まれることを心地よく感じ、自立への一歩を踏み出すことをせず、さみしさとは無縁に暮らす若者が増えているようにも思われる。

この本では、そんなさみしさの様相をとらえつつ、さみしさを糧にして自立という大きな心理的課題に前向きに取り組む方法について考えてみたい。

第1章 「さみしさ」を感じるのは自立への第一歩

自分が嫌になることがある

青年期になると、周りの友だちと比べて、自分が未熟でちっぽけな存在に思えて、自己嫌悪に陥ったり、自信をなくしたりしがちである。

僕もそうだった。クラスの人たちを見回すと、やたら大人びた連中がいる。とても同じ歳には思えない。なんであんなに落ち着いているのだろうと不思議に思うと同時に、自分はどうしてこんなに動揺しやすいのだろうと、自己嫌悪に陥ったものだ。

だれに対しても気軽に話しかけ、すぐにみんなと親しげにしゃべれる人もいるのに、僕は人見知りが強く、気軽に話しかけることができない。なんでこんなに自分は不器用なのだろうと思ったりもした。

小学生の頃は、自分の外の世界に目を向けていることが多いが、中学生くらいになると、自分の内側の世界に目が向くようになる。すると、そこに不安定な自分の心が見え隠れする。そして、こんな自分は嫌だ、もっと安定感のある人間になりたい、といった思いに駆られる。

小中学生を対象にした意識調査の結果をみても、小学生では自分に満足という子どもが過半数を占め、自分に不満という者は一割にも満たない。ところが、中学生になると、自分に不満という者が急激に増え、自分に満足という者を大きく上回るようになる。

それは、けっして中学生になると自分がだらしなくなったり、情けない存在になったりするということではない。中学生くらいになると、認知能力が成熟し、心の中で理想自己を掲げるようになるからだ。理想的な自分像と比べて、現実の自分がやけにちっぽけで情けなく感じられてしまうのである。

その証拠に、別の調査では、小学校五年生では理想自己と現実自己のズレとＩＱとの間に何の関係もないが、より年長になると、同じ学年でもＩＱの高い者の方がズレが大きくなることが示されている。さらには、一〇歳の子より一五〜一六歳の子の方がズレが大きいことを示す調査データもある。

このような結果から、理想自己と現実自己のズレの大きさは、理想を掲げ、現実の自分を批判的に眺めることができるように、認知能力が発達した徴《しるし》とみなすことができる。

理想自己と比べてまだまだ及ばない現実自己に対して感じる不満は、成長へのバネとなる。理想自己とのズレを少しでも埋めようと努力することが自己形成につながり、現実自己の成長をもたらす。現実自己が成長すれば、理想自己はさらに理想的な方向へと上昇していく。

その意味では、青年期に陥りがちな自己嫌悪は、向上心のあらわれと言うこともできるだろう。今の自分を抜け出したい。もっと安定感のある自分になりたい。もっと大きな人間になりたい。自己嫌悪の背後には、そんな思いが潜んでいるのだ。

己《おの》が名《な》をほのかに呼《よ》びて

涙《なみだ》せし
十四《じふし》の春《はる》にかへる術《すべ》なし
（『石川啄木全集』第一巻、筑摩書房）

これは石川啄木の『一握《いちあく》の砂』に収められた短歌である。自我が目覚める頃の繊細な自分を懐かしむ歌とみなすことができるが、一〇代半ばの頃には、だれもがこんなふうに感傷的になったりするものだ。

非凡《ひぼん》なる人《ひと》のごとくにふるまへる
後《のち》のさびしさは
何《なに》にかたぐへむ

まだ人生経験も浅く、自分の道も定まらないため、当然のことながら何かにつけて自信がない。そのため周囲のみんなが大きく見え、それと比べて自分がちっぽけに感じられる。そこで虚勢を張ってみたりするものの、内面の自信のなさを拭い去ることはできず、ますますみじめな気持ちになる。

その頃の僕の本棚に『一握の砂』があったが、啄木の短歌が若者の心に響くのも、そうした青年期的心性に通じるものがあるからだろう。

親の言葉や態度に、なぜかイライラする

幼い頃は、親は自分を包む大きな存在であり、言ってみれば絶対的存在だった。ところが、中学生にもなれば、親の偶像が崩れる。親も不動の心をもつ頼れる存在などではなく、常に揺れ動いていることに気づく。自分のことは何でもお見通しというわけではないこともわかる。

親を偶像視することがなくなり、ただの人間とみなすようになる頃、痛切に感じるのが親と自分の価値観や感受性の違いだ。

親の言うことがどうにも納得できなくて、

「そんなのおかしいじゃないか！」

とイライラする。

自分の言い分がどうしても親に通じず、

「なんでわかってくれないんだ！」

とイライラする。

そんなことがしばしばあるため、親のことを鬱陶しく感じるようになる。

親の言うことが当たっていてもイライラする。自分のためを思って言ってくれているのだと頭ではわかっていても、

「いちいちうるさいな」

「そんなこと、言われなくてもわかってるよ」

などと言いたくなる。

このようにちょっとした親の言葉や態度にいちいちイライラするのは、「自分」がで

きかけている証拠と言える。

いちいち反発する自分を発見し、自分はどこかおかしくなってしまったのではないかと悩む人もいるが、心配することはない。自分が順調に育っているからこそ、親の言葉や態度にイライラするようになるのである。

もう言いなりではいられない

小学生の頃は、

「いつまでゲームやってるの！　宿題やったの？」

などと親から言われて、

「今、やろうと思ってたのに、いちいちうるさいな」

などと反発することはあっても、何かと親に頼り、手伝ってもらったりアドバイスをしてもらったりするのをありがたく思うことが多かったはずだ。ところが、中学生くらいになると、親に何か言われるたびに鬱陶しく感じ、反発したくなる。

いわゆる反抗期になったのだ。親からすれば、子どものためを思って言っているのに、なんでわからないんだと言いたくもなるだろうが、心の発達という観点からすれば、これはむしろ歓迎すべきことなのである。

「親と価値観が合わないから、言われることすべてが納得いかない」

という人もいるが、それは親の価値観とは異なる自分なりの価値観ができつつあることを暗に示している。

「親の言うとおりにすればうまくいくかもしれないけど、それはどうしても抵抗があるんです。自分の思うようにやってみたいんです」

という人もいるが、それは心の中に主体性が育ってきていることのあらわれと言える。

評論家の亀井勝一郎は、少年時代を振り返って、つぎのように記している。

「人に隠れて、ひとり考え事をする。——考えるということは、すでに何ものかから己を隠すことであるらしい。」（亀井勝一郎「我が精神の遍歴」『魔の宴《うたげ》・我が精神の遍歴』日本人の自伝18、平凡社、所収）

たしかに行動は外から観察可能だが、心の中で何を考えているかは外からはわからない。反抗的な態度や言葉は親にあからさまに伝わってしまうが、心の中で反抗していても親に即座に見透かされることはない。

認知能力の発達により、抽象的思考が活発に動き出す青年期には、親にも窺《うかが》い知れない自分独自の世界ができてくるのだ。だから、青年期に突入した子をもつ親は、「ウチの子は、この頃、何を考えてるんだか、さっぱりわからない」などと言うわけだ。自分にはコントロールできない存在になりつつあるわが子との間に、見えない壁があるのを感じるのだろう。

そんな親子の間で起こっていることについて、亀井はつぎのように言及している。

「専制的な権力は、考える人を極度に警戒するが、すべて政治的なるものは、考え深くあることに対して不断の危惧を抱いているようにみうけられる。むろん少年の僕がこんな感想をもったのではない。少年にとって最も身近な専制的権力とは、家族である。考えるということは、まず家族に対する反逆であり、肉親の不満をかう。これを薄々感じはじめたのである。人間に孤独感を抱かせる最初のものは家族であり、家族への呪いが起る。この経験のない精神はおそらくない。」（前掲書）

今どきの親は、「ほめて育てる」とか「叱らない子育て」といった標語に惑わされ、子どもに対してやたらと迎合することがあり、そのような親に接する者は、とくに反抗すべき対象として親を意識することはないかもしれない。

だが、自分の考えを理不尽に押しつけてくる親ではなくても、こちらが何を考えているのかわからず腫《は》れ物に触るようにしている親であっても、そんな親の言葉や態度を鬱陶しく感じる。それが一般的な青年期の感受性なのではないだろうか。

生きがいや人生の意味についての探求で知られる精神科医神谷美恵子は、反抗期について、つぎのように述べている。

「親や教師にとっては頭の痛いことだが、反抗期を経ずに成長することは、必ずしもよろこぶべきことではない。あまりにも素直に育ってしまった青年は、それだけひ弱い大人、あるいは個性のない大人になる可能性がある。」（神谷美恵子『人間をみつめて』河出

書房新社）

「（前略）私が言いたいのは、反抗期がつよく現れるような子どもや青年は、あとでしっかり者になる確率が大きい、ということである。」（同）

結局、反抗というのは、親の言いなりになることに抵抗を示し、自分の思うようにしたいと自己主張すること、つまり自分の意思を押し通そうとすることである。

したがって、反抗しない者には押し通すような意思がないということになる。自分なりの考えをしっかりもっていないため、親の言いなりで平気なのである。その方が間違いがなく楽だという者もいるが、それは自分というものがまだ育っていない証拠とも言える。

秘密をもつ

反抗というと、親に対して怒鳴るように言い返したりするなど、激しいやりとりを連想するかもしれない。たしかに親と怒鳴り合ったり、取っ組み合いになったりするような激しい反抗をしたという者もいる。だが、多くの場合、そこまで激しいものではなく、もっと間接的な反抗の形を取るものである。

僕の場合も、「うるさいなあ」と言うようなことはあっても、あからさまに親に激しく反抗した覚えはない。ただ、小学校高学年の頃から、親に対して秘密をもつようになった。

たとえば、友だちとどこで何をして遊んだのかを言わなくなった。親が子どもにはわからない仕事の世界を生きているように、僕は親にはわからない遊びの世界を生きるようになった。もちろん学校の世界のこともほとんど話さなくなった。

また、数人の友だちと秘密基地をもつようになった。大きな鉄筋コンクリートのアパートの土台部分の空間の片隅だ。一階の住宅のベランダの下の四角い小さな穴の鉄柵を外して潜り込むと、薄暗くて広い空間が広がっている。その片隅に陣地をつくり、宝物を持ち寄った。宝物といっても、大人からすればただのがらくただ。だが、そこはワクワクする場所だった。三人の仲間しか知らない僕たちの秘密基地だった。

家族心理学では、親と子の間に世代間境界を設定することが大切だと言われる。親に対して秘密をもつことは、世代間境界の設定とも言える。

たとえば、母子密着の場合は、母親も子どももお互いに対して秘密をもたず、何でもあけすけに話すため、世代間境界がないのである。

秘密をもつことによって、親の侵入を許さない自分の領域を確保することができ、親から心理的に分離独立した存在になっていく。それは心理的自立の典型的な道筋である。

健全な親子関係においては、世代間境界がはっきりとしているものであり、子どもが親に対して秘密をもつようになるのは当然のことであり、心が順調に発達していることの証拠とも言える。

ゆえに、親に秘密をもつようになったからといって、自分は悪い子だと自分を責める必要はない。頼もしい大人への道を歩み始めたのだ。

わかってほしい、でも見透かされたくない

これまで一体化していた親との間に心理的な障壁を築くようになると、親との間に心理的距離が生まれる。それによってもたらされるさみしさを埋めるために、だれかに心を開きたくなる。自分のことをわかってくれる人を家の外に求めるようになる。

そうした心の動きが社会適応を促すことになる。いつまでも家の中が一番快適な場であったら、社会に出て行く動機が生まれない。家の外に理解者を求めるのは、社会適応のためには必須の動きと言える。

だが、すんなりとは進まない。それは、だれかにわかってほしいという思いはあるものの、心の中を覗かれたくない、自信のなさや不安定さを見透かされたくない、といった思いもあるからだ。

そのあたりの心理について、心理学者シュプランガーは、つぎのように述べている。

「人間の一生の中で、青年期のように強く了解されたいと要求している時期はない。青年はただ深い了解によってのみ救われることができるものだといってもよいようである。

しかしながら幾多の事情が交錯してかかる了解を困難ならしめ、はなはだしきはそれを妨害さえしている。すでに青年自身がその周囲の人々の前では注意深く自分の心の奥底を隠している。青年になったという最も見易い心的特徴は、開放ではなくしてかえって閉鎖である。子どもらしい率直と無遠慮がなくなって、最も親しい人々に対してすら黙り込んで遠慮がちとなり、おずおずと避けるようにし、心に触れることをおそれるようになる。」（シュプランガー／原田茂訳『青年の心理』協同出版）

このような事情により、青年は、自分の内面をわかってもらいたいという気持ちを強くもちながらも、人に心の内を覗かれるのを恐れて心を閉ざすというように、矛盾をはらんだ存在様式をとりがちとなる。

依存と自立の間で揺れる心

このように反抗したり、秘密をもったりして、自立への一歩を踏み出しつつも、そこには不安と一抹のさみしさがある。

親を鬱陶しく感じるなら、自立への歩みによって手に入れた自由な境遇がほんとうに心地よいかといえば、そういうわけでもない。自分の考えに従って行動するからには責任がかかってくる。自分で自分を律していかなければならない。

自由には責任が伴う。親に従っていれば責任は親にかかってくるが、自分の思うように行動する場合は責任はすべて自分で負わなければならない。

親の言うことを聞いていればそれで済んだ頃と比べて、自分で考えて判断するというのは、思いのほか厳しいものがあるのだ。親に従属している方が楽な面もある。

そこで、さらに覚悟を決めて自立の道を歩んでいくか、あるいは手に入れかけた自由を放棄し、親に依存し従属するという安易な道を選ぶか。それによって、その後の人生は大きく違ってくるはずだ。

かつて精神分析学の視点から社会心理の分析を行ったフロムの『自由からの逃走』が社会理論として広く読まれたが、これは個人の自立にもあてはまるものである。実際、フロム自身、子どもが親から自立することに伴う葛藤についても論じている。

「子どもが成長し、第一次的絆《きずな》が次第にたちきられるにつれて、自由を欲し独立を求める気持が生まれてくる。（中略）

この過程には二つの側面がある。その一つは子どもが肉体的にも感情的にも精神的にも、ますます強くなっていくということである。これらのおのおのの領域において、強さと積極性が高まっていく。と同時にこれらの領域がますます総合化されていく。意志と理性とによって導かれる一つの組織された構造が発達する。（中略）個性化のおし進められていく過程は、一面、自我の力の成長ということもできる。」（フロム／日高六郎訳『自由からの逃走』東京創元社）

ここで個性化というのは、子どもが個として親から自立していくことを指す。

「個性化の過程の他の面は、孤独が増大していくことである。第一次的絆は安定性をもたらし、外界との根本的な統一をあたえてくれる。子どもはその外界から抜けだすにつれて、自分が孤独であること、すべての他人から引き離された存在であることを自覚するようになる。この外界からの分離は、無力と不安との感情を生みだす。（中略）人間は外界の一構成部分であるかぎり、個人の行動の可能性や責任を知らなくても、外界を恐れる必要はない。人間は個人となると、独りで、外界のすべての恐しい圧倒的な面に抵抗するのである。

ここに、個性をなげすてて外界に完全に没入し、孤独と無力の感情を克服しようとする衝動が生まれる。」(同)

フロムは、このように一定の年頃になると心身ともに発達を遂げ、自立への衝動が高まるが、親からの自立には不安と孤独、そして無力感が伴うため、それらに負けて再び依存に身を任せたい衝動に襲われることを指摘している。

だが、いったんこの世に生まれたからには母親の胎内に戻ることができないように、心身が自立できるほどに成長したからには、親との間の絆を前と同じ依存状態に戻すことはできない。

そこで、この不安や孤独、無力感を克服するための、より生産的な方法として、フロムは、愛情と仕事をあげている。そうすれば、個性を放棄せずに、自立の道を歩むことができる。

親ではなく外の世界のだれかとの間に親密な絆を確立すること、そしてすべきことに没頭できることが自立の鍵を握るというわけである。

学校とかで友だちと一緒に過ごしているときは気が紛れるものの、家でひとりで机に向かっているとき、あるいは布団に入ったときなど、ひとりこの世に投げ出されているような寄る辺なさを感じることがあるのではないか。

自立をめぐる葛藤の中で心が揺れ動く。親に反抗したかと思えば、突然甘えてみたりするような、外からみたら不可解な行動も、本人の心の中ではそれなりの意味をもっているのである。

タテの関係からヨコの関係へ

そんなとき、親から自立する勇気を与えてくれるのが、思いを分かち合える友だちである。青年期になると親友を求めるようになるのも、親に言えない、親に言いたくない心の内を共有できる相手がほしくなるからである。

秘密の共有は、自分の殻を部分的に打ち壊し、相手が自分の領域に侵入するのを許すことを意味するため、お互いの心理的距離を縮める効果をもつ。だが、そのような相手がすんなりできるわけではない。

青年期の入口では、親の価値観のもとにつくられてきたこれまでの自分のあり方を拒否し、親の分身ではない独自な人間としての生き方を模索するようになる。その際、もう親から干渉されたくないという気持ちが強まるため、親との接触において、ちょっとした言葉にも反発するなど、親からみれば理不尽な反抗的態度が示されがちとなる。

それも、干渉されたくない、自分の判断を大事にしたいといった思いが強まるからだ。ゆえに、干渉を避けるため、親に対して秘密をもつようになる。

そのような親に対する閉鎖的かつ反抗的な構えを取ることによって、主体的自己形成が進行していくことになる。

だが一方で、こうした孤独な課題に取り組んでいる自分の不安や苦しみを一人きりでは支えきれないといった思いも強めていく。

児童期までは気持ちを分かち合ってきた両親との間に障壁を築くことによって生じる孤独や不安を和らげてくれる存在、この先どんな生き方を選択しどのような自分につくり変えていったらよいかがなかなか見えてこないことによる焦りや不安を共有できる存在を求める。

そこで求められるのは、単に楽しく遊ぶだけの友だちではなく、軽いノリのおしゃべりで盛り上がるだけの友だちでもなく、自分の内的葛藤や不安といった暗い内面的な話も含めて何でも話すことのできる親友である。

こうしてタテの関係を支えとする生き方からヨコの関係を支えとする生き方への移行が行われることになる。

自分の内面を率直に伝えることを自己開示というが、僕が行った調査でも、児童期までは母親が主な自己開示の相手だが、青年期になると同性の親しい友だちへの自己開示が増え、その両者が主要な自己開示の相手となり、やがて後者が主な自己開示の相手となっていくことが示されている。

親しい友だちに対する自己開示が、とくに青年期を生きる者にとってもつ意義として、つぎのようなものがあげられる。

第一に、親しい友だちに自己開示し、相手から受容的な反応を得ることは、自信につながる。親はまったく違う人生のステージにいるが、友だちは同じような内的経験をしていることが多く、共感的なやりとりになることが多い。それによって、自分はおかしいのではないかといった不安が低減し、気持ちが安定する。

第二に、親しい友だちに自己開示することは、自己への洞察につながる。自己に意識を集中したり、相手からフィードバックを受けることを通じて、今まで気づかずにいた自己の新たな面に気づいたり、もやもやしていたものがはっきりと見えてきたりする。

反対に、自己開示できないでいると、非現実的な不安や妄想に脅かされることになりがちである。

ただし、不安と動揺の中で自己評価がぐらついているだけに、人から心の中を覗かれることに非常に過敏で、他人に対して身構えがちであり、素直に心を開くことには抵抗がある。

そのため、さみしさを痛切に感じ、心の内側までわかり合える相手を切に求めながらも、人を容易に近づけない雰囲気を醸し出すことになる。

第2章　自己の個別性への気づきがもたらす「さみしさ」

自分と向き合うことで芽生える自己意識

青年期は内向の時代と言われる。自分の内面に目が向かうようになるという意味だ。青年期に日記をつけ始めたけれども、いつの間にかやめてしまった。そんな話をよく聞くが、日記をつけるという行為は、まさに自己との対話である。

自分の内面というのは、外の世界の出来事と違って、何ともとらえどころのないものである。そのため、得体の知れない自分を前にして、大いに戸惑うことになる。そこに青年期の最大の課題である自己の探求が始まる。これに関しては、『〈自分らしさ〉って何だろう?』(ちくまプリマー新書)で詳細に解説したので、ここでは簡単に触れるだけにする。

自己の探求が始まるといっても、今は「自分とは何か？」などと難しい顔をして思い悩んだり、「自分らしく生きるといっても、どうしたらいいんだろう？」「自分はどうしたいのだろう？」などといった心の中に渦巻く葛藤をめぐって、友だちと真剣に語り合ったりする雰囲気ではない。

場の空気が重たくならないように気をつかい、軽いノリで冗談を言って笑い合う。そんな友だちづきあいをしながらも、やはり心の中の揺れは収まらない。家に帰ってひとりになり、周囲への気づかいがなくなると、心の中の不安や迷い、苛立《いらだ》ちと向き合わざるを得なくなる。

こうして、児童期までの気楽にありのままに生きる即自存在から、絶えず自分と向き合い葛藤する対自存在へと移行していくのである。

自己の探求が始まる前提として、自己意識の発達がある。

たとえば心理学者のモンテマイヤーとアイゼンは、九歳から一八歳の子どもたちを対象に、「私はだれですか？（Who am I ?）」という質問に二〇回答えさせるという調査

（自分はどんな人か、どんな特徴があるかを答えさせるもの）を行い、その回答を三〇のカテゴリーに分類している。

その結果、年齢と共に、身体的特徴、持ち物、居住地、名前などの客観的・外面的な特徴による自己記述が減少し、実存的な個性化の意識、思想・信念、自己決定の感覚、対人関係の取り方、心理的特徴、個としての統一性の意識、職業的役割などの内面的特徴による自己記述が増加することが示されている。

このような自己意識の発達に伴い、「見る自分」と「見られる自分」の分離がしだいに鮮明化し、「見る自分」による「見られる自分」のつくり直しが活発に行われるようになる。

つまり、この世に誕生して以来、幼児期・児童期を通して、親のしつけをはじめとする社会化の圧力のもとに受動的につくられてきた自分を改めて見つめ直し、自分なりに納得のいく自分へと主体的に組み立て直すようになる。いわゆる主体的な自己形成の始まりである。

変わったことを言って注目されようとするのも、逆に目立たないようにおとなしくするのも、「見られる自分」を意識するからであり、自己意識の高まりによるものである。楽しく盛り上がらなければと思い、ウケ狙いの冗談を連発し、みんなと別れてひとりになったとたんに、「ちょっとやりすぎたかな」と後悔したりするのも、「見られる自分」をめぐる葛藤であり、自己意識がもたらすものである。

このように、青年期になると「見られる自分」をめぐる葛藤が心の中で渦巻くようになる。

自分だけみんなと違うように感じる

自分のことが気になり出すと、他者のことも気になり始める。周囲の友だちのことがとても気になる。自己意識の高まりが強烈な比較意識を生みだすのだ。

他者との比較がもたらす効果には、二つの方向性がある。

たとえば、青年期になると、人からどう思われるかがやたら気になる自分に対して、

「人の目を意識しすぎなんじゃないか」「自分はちょっと神経過敏になりすぎてないか」などと気に病んだりするものである。

そんなとき、他の人も同じように人の目がやたら気になる自分を気に病んでいるということがわかれば、「自分だけじゃないんだ」「自分がおかしいわけではないんだ」と思うことができ、とりあえず安心する。

自己意識が高まる青年期には、人からどう見られるかを非常に気にするようになる。とくに、遠慮なく何でも話せるほど親しくなっていない相手と話す際には、「何を話せばよいのだろう」「場違いなことを言ってしまわないかな」などといった不安が頭をもたげてくる。また、「好意的に見てもらえるだろうか」「変なヤツと思われないだろうか」というように、相手の反応に対する不安もある。

そのような対人関係にまつわる不安を対人不安と言うが、青年期には対人不安が強まるものである。

対人不安については、『「対人不安」って何だろう?』(ちくまプリマー新書)で詳しく解説したが、授業で対人不安の話をすると、授業後の一〇分間レポートには、大半の学生が「まるで自分のことを言われているようだった」といった反応をすると同時に、「みんなもそうなんだと聞いて安心した」「自分だけじゃないのだとわかってホッとした」などと書いてくる。

つまり、他者との比較により、みんなも似たような心理傾向があるのだとわかれば、自分の心理状態の妥当性が保証され、安心することができる。

一方で、他者との比較により、自他の違いを意識するようになるといった側面もある。たとえば、友だちと話していて、自分が当たり前と思う理屈がどうしても通じないとき、価値観の違いを痛感する。

人を傷つけるようなことを平気で言う友だちに対しては、その無神経さに呆《あき》れるし、自分だったら怒るに違いないと思うようなことを言われても平気で笑い飛ばす友だちに対しても、立派だなあと思いつつも、感受性の違いを感じる。

このように他者との比較により、自他の違いが浮き彫りになり、自分の特徴に改めて気づかされるということがある。その際、まだ人生経験が浅い青年期には、あまり自信がないために、自己卑下的反応に陥りがちである。

授業中に積極的に発言する友だちを見るたびに、羨ましく思うとともに、なかなか発言できない自分を情けなく思う。

元気に部活に励んでいる友だちと比べて、部活にも入っていないし、何も打ちこむもののない自分を淋《さび》しく思う。

社交的でユーモアたっぷりに話し、いつもみんなの輪の中心にいる友だちと比べながら、口べたでろくにおもしろい話もできず、いつも聞き手になるばかりの自分を振り返って、なんてつまらない人間なんだろうと自分が嫌になる。

こんな具合に、他者に圧倒され、自分がちっぽけな存在に感じられるということも起こりがちである。

啄木の『一握の砂』に収められた、つぎの二つの短歌は、そのような心理状態に陥りがちな青年期の心模様を描いたものとみることもできるだろう。

わがこころ
けふもひそかに泣《な》かむとす
友《とも》みな己《おの》が道《みち》をあゆめり
世《よ》わたりの拙《つたな》きことを
ひそかにも
誇《ほこ》りとしたる我《われ》にやはあらぬ

（『石川啄木全集』第一巻、筑摩書房）

自己の独自性の意識と孤独

個性とか独自性などというと、心地よい響きがあるかもしれない。だが、それが孤独をもたらす面もある。

言ってみれば、僕たちはみんな個性的存在で、独自な世界を生きているからこそ、お互いにわかりあいたいと思っても、共感できないことがあったり、理解できないことがあったりするのである。

どんなに親しい間柄であっても、人と人との間には、どうしても乗り越えることのできない溝がある。どんなに似た者同士の親友がいたとしても、けっして取り換えのきかない独自な人生を生きている。

性格的にも相性がよく、価値観も似ているため、何でもわかり合えると思っていた親友にさえ、自分の気持ちをわかってもらえなかったりする。

いくら言葉を尽くして説明しても、どうしてもわかってもらえない。返ってくる言葉から、お互いの考え方にズレがあることがはっきりと感じられる。そんなとき、無性にさみしくなり、やっぱり人間って孤独な存在なんだなあと思う。

このようなさみしさに襲われるのは辛《つら》いことではあるけれども、生きている限り、そこから逃げるわけにはいかない。だれもがそうしたさみしさを抱えて生きているのだ。

自分はだれとも異なる独自な存在であり、どんなに親しい間柄でも完全にわかり合えることはないと気づくことによって、自分の人生は自分で責任をもって背負っていかねばならないといった覚悟ができる。

それを個別性の自覚という。

人間の個別性を自覚するのは、心の成熟の徴《しるし》でもあるが、とても厳しく辛いことでもある。

「未熟であること、孤独であることの認識はまだまだ浅い。何を書きたいのだろうか？家族と共に生活していると、何も考えずにいても楽しく過せるのだ。けれども、母は、父は、昌之は、ヒロ子ちゃんは、どれだけ私を知っているのであろうか、どのような事で悩んでいるのか、何をやりたがっているのか知っているのであろうか。」（高野悦子『二十歳の原点』新潮文庫）

これは、立命館大学の学生だった高野悦子の日記だ。これまで慣れ親しんできた家族。今でも一緒にいると心から寛ぐことができる家族。そんな身近な家族でさえも、こちらの心の中がわからない。何を悩んでいるのかを知らない。

このような気づきは、まさに個別性の自覚と言っていいだろう。個別性の自覚は強烈な孤独を感じさせる。どんなに身近な相手にもわからない心の世界を生きていることを自覚するとき、無性にさみしくなる。

そうした個別性の自覚は、青年期の真《ま》っ只中《ただなか》にいる人を感傷的な気分にさせる。先程の石川啄木の短歌もそうだが、立原道造の詩には、青年期特有の感傷的な気分に親和性の高いものが漂っている。

「逝《ゆ》いた私の時たちが
私の心を金《きん》にした　傷つかぬやう傷は早く愎《なお》るやうにと
昨日と明日との間には
ふかい紺青の溝がひかれて過ぎてゐる
（中略）
おぼえてゐたら！　私はもう一度かへりたい

どこか？　あの場所へ　（あの記憶がある
私が待ち　それを　しづかに諦めた――）」（「夏の弔い」『萱草《わすれぐさ》に寄す』日本図書センター、所収）

「おまへが　友を呼ぼうと　拒まうと
おまへは　永久孤独に　餓ゑてゐるであらう
行くがいい　けふの落日のときまで」（「晩秋」同、所収）

自分はどこに向かっているのか

個別性の自覚は、自分の人生は自分で責任をもって背負っていかねばならないという自覚を促す。

でも、自分の人生に責任をもつといっても、どうしたらよいかわからない。自分が何をどうしたいのかもわからない。自分が一体どんな人生を望んでいるのかもわからない。自分がどこに向かっているのか、どこに向かうべきなのかもわからない。

自分らしく生きたいというのは、だれもが口にするセリフだが、どうしたら自分らしく生きられるのかがわからない。そもそもどんな生き方が自分らしいのかさえわからない。

個別性の自覚が芽生える時期は、このようなアイデンティティをめぐる問いが心の中で活性化し始める時期と重なる。それがまた青年期を生きる者を苦しめることになる。

後から振り返ると、自分の人生を大きく左右した出来事がいっぱい詰まっているのが青年期である。

人生史を構成する記憶のことを自伝的記憶というが、自伝的記憶の研究では、バンプ現象というものが知られている。これは心理学者ルービンが発見したものである。

四〇歳以上の人に、これまでの人生を振り返って思い出す出来事をいくらでも引き出してもらうと、最近のことほどよく思い出すといった傾向と共に、一〇代から二〇代の出来事は例外的によく思い出すといった傾向がみられた。そのため、想起量のグラフを描くと、一〇から二〇代のあたりが盛り上がる。四〇歳以上のあらゆる年齢段階の人たちに、そのような傾向がみられた。

このように一〇代から二〇代の時期の出来事をとくによく思い出すことをバンプ現象という。

なぜ一〇から二〇代の頃のことをよく思い出すのだろうか。それについては、研究者によってさまざまな説明が行われているが、アイデンティティ説が最も説得力がある。

それは、今の自分の成り立ちをうまく説明するエピソードがとくに選ばれて自伝的記憶をつくりあげていくため、一〇から二〇代の出来事をとくによく思い出すのだというものである。

一〇代や二〇代は、広義の青年期にあたり、自己を確立し、自分を社会に押し出していく時期である。その時期には、その後の人生を大きく方向づける出来事が立て続けに押し寄せる。ゆえに、一〇代から二〇代の頃の自伝的記憶には、人生上の重要なエピソードがたくさん詰まっている。

友だち関係がどうだったか、とくに親友ができたとか、孤立気味だったとかいうことが、その後の人生における対人関係のあり方に大きく影響する。

恋愛や失恋の経験は、その後の異性に対する姿勢に影響するだろう。

受験の成否は自信の程度を決定づけるし、どんな学校に通うかは友人関係も含めて価値観や生き方に大きな影響を及ぼすはずだ。

どんな仕事に就くかも、働き方や仕事のやりがい、仕事上の人間関係、収入なども含めて、その後の人生を大いに左右することになる。

結婚するかどうか、どんな相手と結婚するかといったことも、その後の人生を大きく方向づける。

このように、一〇から二〇代には、親友との出会い、恋愛・失恋、受験・進学、就職、結婚など、その後の人生を大きく左右する出来事が集中している。それらは人生観や人間観を揺さぶり、人生行路を方向づけるものとなり、大人になってから今の自己の成り立ちを説明するのに不可欠のエピソードとなる。そのためによく覚えているというわけである。

自分の人生は自分で背負っていくしかない

人間の個別性を自覚し、「『独りであること』、『未熟であること』、これが私の二十歳の原点である」という高野も、「私は慣らされる人間ではなく、創造する人間になりたい」「私は、自分の意志で決定したことをやり、あらゆるものにぶつかって必死にもがき、歌をうたい、下手でも絵をかき、泣いたり笑ったり、悲しんだりすることの出来る人間になりたい」と自分の人生を自分で背負っていく決意を示し、「人間は完全なる存在ではないのだ。不完全さをいつも背負っている。人間の存在価値は完全であることにあるのではなく、不完全でありその不完全さを克服しようとするところにあるのだ」（いずれも『二十歳の原点』より）と意気込みを見せる。

だが、アイデンティティをめぐる葛藤を一人きりで背負い続けるのはあまりに辛い。自立に向けて親から切り離された心は、だれかとつながることを求める。同じような葛藤を背負い、もがいている仲間と気持ちを分かち合いたいと願う。

そのような思いはあっても、青年期の心は不器用だ。なかなか気持ちを分かち合える

ような友だちができない。
高野の場合もそうだった。仲間がほしいのに、どうしても周囲に溶け込めない自分がいる。
「人間は誰でも、独りで生きなければならないと同時に、みんなと生きなければならない。私は「みんなと生きる」ということが良くわからない。みんなが何を考えているのかを考えながら人と接しよう」（『二十歳の原点』）
そのように思うのだが、なかなか孤独から脱することができない。孤独の重みがずっしりとのしかかってくる。つぎのような日記の記述には、孤独な魂の悲痛な叫びが感じられる。
「人は誰でも独りで生きているんだなあ
お母さんも　お父さんも
昌之も　ヒロ子ちゃんも
牧野さんも

そして私も

それにしても独りであり未熟であるということは
恐ろしいことだなあ』（同）
「独りであることがズシリと寂しさを感じさせるのだ。ワーッと大声あげて誰かの胸にとびついていけたらどんなにいいことだろう。

人生は演技なのだっけ。」（同）

家族や友だちなど身近に接している人たちとの間にも乗り越えることのできない溝があるのを感じ、さみしさを痛切に感じる。人間が孤独な存在であることを心から実感する。それは、ものごとを深く考えられるようになった証《あかし》ではあるものの、とても辛い体験でもあるのだ。

だれともわかり合えないさみしさ

親ばかりでなく、同年代の友だちでさえわかり合えない。考え方が違う。感受性が違う。価値観が違う。だから、求めるものが違うし、大切に思うことが違う。こだわるところが違う。

周囲を見回しても、自分と違う雰囲気の友だちばかり。ちょっとしたやりとりの中から、さまざまな違いが感じられる。

そんな切り離された人間と人間を結びつけてくれるのが言葉だ。自分の思いを少しでもわかってもらいたいと思うとき、僕たちは、わかってもらえそうな相手に自分の思っていることを語る。相手のことをもっとわかりたいと思うとき、僕たちは、その人の語りを引き出そうとする。

言葉というのは、切り離された心と心の橋渡しをする機能をもつ道具なのだ。この世に言葉があるのは、だれもが切り離された存在だからだ。

ゆえに、さみしさに押し潰されそうなときは、だれかに語りたくなる。でも、考え方も感受性も人それぞれであるため、いくら語り合ってもなかなかわかり合えない。それがまたさみしさを募らせる。

結局、人間は自分で自分を支えていくしかないのだということに行き着く。そんなときに存在意義を発揮するのが、もう一人の自分だ。

もう一人の自分との対話は、しばしば詩や短歌、あるいは小説や随筆など文芸の形を取る。それが読者の心に響くのも、だれもが自己の内面をめぐる葛藤を経験しているからだろう。

萩原朔太郎の「さびしい人格」には、痛いほどの孤独感が漂っている。

「さびしい人格が私の友を呼ぶ、
わが見知らぬ友よ、早くきたれ、
ここの古い椅子《いす》に腰《こし》をかけて、二人でしづかに話してゐよう、
なにも悲しむことなく、きみと私でしづかな幸福な日をくらさう、
遠い公園のしづかな噴水《ふんすい》の音をきいて居よう、
（中略）
よにもさびしい私の人格が、

おほきな声で見知らぬ友をよんで居る、
わたしの卑屈《ひくつ》な不思議な人格が、
鴉《からす》のやうなみすぼらしい様子をして、
人気のない冬枯《ふゆが》れの椅子の片隅《かたすみ》にふるへて居る。」（『萩原朔太郎』〈ちくま日本文学全集〉、筑摩書房）

もっとも文芸作品を通して自分との対話をするのはごく一部の人たちだろう。より一般的には、日記をつけるといった形を取る。

すでに指摘したように、日記というのは、もう一人の自分との対話の場である。日記こそが唯一自分がホンネを打ち明けられる場だという人もいる。それは、いかにもさみしいことなのか、あるいは救いなのか。いずれにしても、もう一人の自分は、他人ではなく自分の一部なのだから、けっしてわかり合えない相手ではない。

青年期に日記をつける者が多いのには、そうした事情があるのだ。今は、日記をつけるときのように自分との対話をしながら、ネット上でブログを書く人もいる。

日記をつけたりブログを書いたりしない人も、心の中では、しょっちゅう自分との対話をしているはずである。

僕は、中学生の頃、学校に行くと自然に道化を演じてしまうようなところがあって、朝は「今日は、絶対にまじめに過ごすぞ」と心に誓って登校するのだが、例によって周囲を笑わせたり、悪ふざけをして先生から叱られたりして、帰り道、友だちと別れて一人になると、「またやらかしちゃった」「なんでこうなっちゃうんだ」などと自己嫌悪に陥りながら、「明日こそは、まじめに過ごさないと」などと、自分との対話をしていたのを覚えている。

だれにも言えない心の中の葛藤をめぐって、ああだこうだと思う存分やりとりできる相手は、もう一人の自分しかいない。

孤独だからこそ自意識を麻痺させることも

自己意識の高まる青年期は、このように自己との対話が頻繁に行われるようになる時期と言える。

でも、ずっと自分と向き合っているのもきつい。自分の未熟さ、自分の不安定さ、自己嫌悪、逃れようのない人間存在の個別性、孤独感……。そういったものと絶えず向き合っていたら疲れてしまう。心のエネルギーが消耗する。

そこで、気晴らしに走ることになる。

音楽に酔う。小説の世界に逃避する。とくに見たいものがないのにテレビをつけ、バラエティ番組などを意味もなく見続ける。友だちとしょっちゅう群れておしゃべりする。

こうした気晴らしをしている間は、自意識から逃れることができる。人間は、自意識を麻痺させるための、ありとあらゆる道具を開発してきた。

絶えず人と一緒にいないとダメという人、一人でいられないという人もいるが、それは自分と直面するのを避けるためのひとつの戦略と言ってよいだろう。

最近では、本を読む若者が少なくなっているが、その代わりにインターネットの世界に逃避する人が非常に多い。

何もしないでいると、つい自分と向き合ってしまう。そこで、暇さえあればスマートフォンをいじり、検索をしたり、SNSをしたり、ゲームをしたり、YouTubeで面白そうな動画を見たりして、自意識が活性化する隙を与えないようにしている。

絶えずだれかと会っていないと落ち着かない人も、不必要にSNSでやりとりしている人も、用もないのに癖のようにインターネットで検索している人も、本人ははっきりと意識していないかもしれないが、自意識を麻痺させようとしているのだ。

そうでもしないとやっていられない。平常心を保てない。自分と向き合うのは、それほど重たいことなのだ。

大人だってそうだ。アルコールに溺れるのも、社交にうつつを抜かすのも、仕事中毒になるのも、スマートフォンを片時も手放せないのも、自意識を麻痺させるため、自分の内面から目を逸らすためと言ってよい。

間柄の文化の住人だからこそ切実な孤独感

自立ということに関連して、個の確立というようなことも言われる。でも、親からの自立という青年期の課題をはるか昔に達成してしまった僕でさえ、個として閉じた形で自分が確立されている気がしない。

個の確立などというのは、日本人にとっては無縁のことなのではないだろうか。

子ども時代のように親の管理下に置かれて動くのではなく、青年期になったら自分で考え、自分で判断して動く。それはわかる。しかし、それでも他人の影響は受け続ける。けっして僕たちは、他者に対して閉じられた個として生きているわけではない。

では、僕が親の管理下から離れ、親から自立して動き始めた頃、何が僕の行動原理になっていたのだろうか。思い返してみると、語り合う友だちや書物を通して出会った作家・思想家・科学者など、僕が共感する人や傾倒する人の価値観を基準に動いていたように思う。親とは違うものの見方や考え方を主張するとき、親以外のだれかが僕の中で動いていた。

結局、僕たちは、個別性を自覚して生きるとはいっても、個として他者から切り離されて生きているわけではない。さまざまな他者の影響を受けながら生きている。さまざまな他者との関係性を生きている。

相手があって自分がいる。ゆえに、親からの自立というのは、自分で取捨選択しながら親以外の人たちの影響を強く受けるようになっていくことを指すのではないだろうか。個を生きるのではなく、他者との関係性を生きる僕たち日本人には、他者から独立した自分などというものはない。

そこで僕は、欧米の文化を「自己中心の文化」、日本の文化を「間柄の文化」というように特徴づけている。

「自己中心の文化」とは、自分の言いたいことを何でも主張すればよい、ある事柄を持ち出すかどうか、ある行動を取るかどうかは、自分の意見や立場を基準に判断すべき、とする文化のことである。何ごとも自分自身の考えや立場に従って判断することになる。

欧米の文化は、まさに「自己中心の文化」と言える。そのような文化のもとで自己形成してきた欧米人は、何ごとに関しても他者に影響されず自分を基準に判断し、個として独立しており、他者から切り離されている。

そのような文化においては、他者の影響を受けることは、個が確立していないという意味で未熟とみなされる。

一方、「間柄の文化」とは、一方的な自己主張で人を困らせたり嫌な思いにさせたりしてはいけない、ある事柄を持ち出すかどうか、ある行動を取るかどうかは、相手の気持ちや立場に配慮して判断すべき、とする文化のことである。何ごとも相手の気持ちや立場に配慮しながら判断することになる。

日本の文化は、まさに「間柄の文化」と言える。そのような文化のもとで自己形成してきた日本人は、何ごとに関しても自分だけを基準とするのではなく他者の気持ちや立場に配慮して判断するのであり、個として閉じておらず、他者に対して開かれている。ゆえに、たえず相手の期待が気になり、できるだけそれに応《こた》えようとするのである。

そのような文化においては、他者に配慮できないことは、自分勝手という意味で未熟とみなされる。
「自己中心の文化」においては「他者の影響を受ける」として否定的にみられることを、「間柄の文化」においては「他者に配慮できる」というように肯定的に評価するのである。

そのような「間柄の文化」においては、親からの自立を果たすためには、親との間柄に代わる重要な間柄が必要となる。関係性を生きる僕たちとしては、何らかの関係性がないと困る。自分を動かす行動原理がなくなってしまう。だからこそ、青年期には、お互いの内面を共有できるような親友を強く求めるのである。

幼い頃を懐かしむ心理の意味するもの

親から自立し始めたものの、思いを共有できる親しい友だちもできない。書物などを通して傾倒する人物も見当たらない。このままでは関係性を生きる相手が見つからない。何とかわかりあえる友だちがほしい。

そう思って友だちとかかわってみるのだが、どうもしっくり来ない。仲がよいというのは確かなのだが、こっちの思っていることを話しても、今イチ伝わっていないような気がする。向こうの思っていることを聞いていても、よくわかることはもちろんあるけれども、共感できないこともある。ましてや、かつての親に感じていたように、わかってくれている感じはない。

そのくらいならまだいいが、親しくなった友だちに内面的なことを話したら、「えっ、そんなこと考えたりするの?」と引かれたり、「そんな重たい話、よそうぜ」と拒否されたりすることもある。信じていた友だちに、「あいつ、こんなこと考えてるんだよ、バカじゃねぇ」などと言い触らされたりすることもある。

反対に、親しくなった友だちから内面的な話をされ、それが相当に病的な内容で、その感受性に圧倒され、どう反応したらよいかわからないこともある。誠意をもって対応していたつもりなのに、向こうが納得するような反応ができなかったようで、気まずい感じになったり、バカにされたと勘違いしたのか、こちらの悪口を他の友だちに言っているのが伝わってきたりすることもある。

そうした経験をすると、心の底から疲れてしまい、人間関係ってけっこうめんどうくさいなあとつくづく思う。わかり合える友だちをもつことが永遠に不可能なような気もしてきて、この世に一人投げ出されているような疎外感を感じる。

そんなとき、ふと幼い頃が無性に懐かしくなる。周囲から浮いている感じがなく、疎外感に苛《さいな》まれることもなかった「あの頃」に戻りたくなる。心理学用語で言えば退行、つまり子ども返りである。

出産外傷説

母親の子宮内に保護されている胎児は、まだ分離ということを知らない。身体的にも心理的にもすべてが過不足なく満ち足りたユートピアの住人である。そこから追い出される出産、すなわち個としての誕生は、いわば失楽園体験と言える。

日本文化の伝統や日本人の心理的特徴を探求したジャーナリスト長谷川如是閑《によぜかん》は、自叙伝の中で自身が生まれたときの心の風景を見事に叙述している。

「私の居処がだんだん狭くなって、育って行く私には、もう堪え切れなくなった。私の身体を円《まる》く圧迫している周囲のヌラヌラした壁は、もう私に不快な邪魔物になった。私は運動を求め出した。それにはもっと広い空間と、多量の空気とが必要だった」（長谷川如是閑「ある心の自叙伝」『日本人の自伝4』、平凡社、以下同書より）

「そんな風に悪戦苦闘しているうちに、突然私は全身がフワリと圧迫から自由にされたように感じた。と同時に、今までに覚えのない、何か固いもので身体の一部を押えられて、円こくちぢまっていた身体が引き伸ばされて、縦横無尽に振り廻されるので目まいがした。私は驚愕と憤怒と悲哀とで、全身をもがいて暴れた。その時、自分は始めて恐ろしい叫び声を出した。私の身体の温か味に相当した、私の弱い皮膚に適した、ヌラヌラした壁のなかから出されて、刺すように冷たい、荒々しい空気の中で振り廻されて、私はただ息のつづく限り喚《わめ》き叫ぶほかはなかった。

私は自由にされたのかも知れないが、こんな残酷な門出が行く手の平和を暗示するものではないと思うと、泣き叫ぶほかはなかった。私は自分ながら、なんであの温かい、柔らかい、袋のなかの生活を嫌って、こんな冷たい、堅い、手荒い生活を撰《えら》んだのかと後悔した。」

狭い世界に飽きて、そこから飛び出そうともがき、ようやく自由を手に入れたものの、そこは冷たく荒々しい、とても厳しい世界だった。なんでこんな世界に踏み出してしまったのだろう、狭くても温かく包まれていた、あのやさしい世界に踏み止《とど》まらなかったのだろう。そのような思いに浸るのは、親からの自立に向かって一歩を踏み出す青年期にありがちなことだが、その原点はすでに誕生時にあるというわけだ。

出産による母親からの分離こそが根源的なショック体験であり、あらゆる不安の原型をなしているという説がある。精神分析学者オットー・ランクの出産外傷説である。

ランクによれば、胎内のユートピアに再び戻りたいという願望を、人は大人になってからも無意識のうちにもち続けており、そのような願望と現実生活との折り合いがうまくつかないときに神経症的な不安や恐怖が生じるという。

ランクは、この説を極端に押し進めようとしたために、さまざまな批判を浴びることになった。でも、だれもがこのような郷愁を胸に秘めていることは否定できないのではないだろうか。

胎内回帰願望

子どもが廃棄された冷蔵庫の中に入って遊んでいるうちに扉が開かなくなったというような事件を耳にするたびに、思い出すのは僕自身のマンホール体験である。

あれは小学校低学年のときのことだった。人気《ひとけ》のない場所で一人で遊んでいると、まだ使われていない真新しいマンホールがあった。蓋はされていなかった。好奇心旺盛な僕は、そのマンホールの内側の金属のハシゴをたどって穴の中に潜っていった。底にたどり着くと、横方向に狭い通路が走っている。水道管だ。その管の中を赤ん坊のように這《は》って進んで行った。

すると、あるところで狭くなって、それ以上前に進めなくなった。仕方なく後ろ方向に戻ろうとしたら、手が滑って動けない。真新しいため、コンクリートの水道管の表面は粉だらけだったのだ。それで手が滑り、いくらもがいても身動きが取れなくなった。そのときは相当に焦った。

そのうち、何とか後ろに動けるようになり、事なきを得たが、あのまま動けなかったらとんでもないことになっていたはずである。ハシゴを登ってマンホールから出ると、外はもう真っ暗だった。

自分たちだけの隠れ家的な場所を作ろうとしたり、大量に雪が積もればカマクラを作って遊びたくなるなど、概して子どもたちは自分だけの小さな空間を求める心理傾向があり、そのような空間の中で満ち足りた思いになる。それは、胎内回帰願望のあらわれとも言える。

胎内回帰願望は、なにも子どもだけがもつわけではない。子どもは願望を直接的に表現しやすいため、それが遊びに端的にあらわれるのだろう。

小さな子どもでなくても、何かあってとても辛い気持ちになり、心のエネルギー水準が著しく低下したとき、電気の消えた薄暗い部屋の片隅で膝を抱えてうずくまっていると落ち着く。そんな経験はないだろうか。それは、まさに胎児の姿勢である。風呂桶《おけ》の中にしゃがみ込んで、温かい湯に浸《つ》かっていると、とても寛《くつろ》いだ気分になれるが、そこにも胎内回帰願望がかかわっているのかもしれない。

人はだれでも「昔はよかった」とふと思うことがある。

世間の荒波があまりにも厳しく、堪えられなくなったとき、僕たちの心も身体も縮こまってしまう。そして、「あの頃に帰りたい」という思いに駆られる。

「あの頃」というのは、自意識に苛まれることもなく、世界との間に亀裂が入る前の、何の過不足もない、すべてが調和し満ち足りていた頃のことを漠然と指しているのだろう。

僕も、大人になってからは若かった頃を懐かしんで「あの頃に帰りたい」と思ったものだし、若かった頃は幼かった頃を懐かしんで「あの頃に帰りたい」と思ったものである。今でも、何かで疲れ切っているときなど、幼い頃や若い頃を振り返り、「ずいぶん遠くまで来てしまったなあ」とさみしさを感じながらも、懐かしい思いに浸ることで心のエネルギーを補給することがある。

「汚れつちまつた悲しみに
今日も小雪の降りかかる
汚れつちまつた悲しみに
今日も風さへ吹きすぎる
（中略）
汚れつちまつた悲しみに
いたいたしくも怖氣《おぢけ》づき
汚れつちまつた悲しみに
なすところもなく日は暮れる……」（「汚れつちまつた悲しみに……」『山羊《やぎ》の歌』中原中也全集、第一巻、角川書店、所収）

このような言葉が僕たちの心に響くのも、だれもが個別性を自覚し、さみしさを噛《か》みしめながらも、厳しい現実と必死になって格闘しているからではないだろうか。

第3章　つながっていても孤独

仲間といると気が紛れる

一人でいると、どうしても自分の内面に目が向いてしまう。そこに不安な自分がいる。自分のことは自分にしかわからない。人間ってほんとうに孤独なんだなあと思うと、さみしさに押し潰されそうになる。自立という課題に取り組んでいる青年期には、そうした思いに駆られがちだ。

そのような自己意識に苛まれるのは、いつも一人でいるときだ。人と一緒にいるときは、目がその人の方を向いているし、話題に上っているものごとに意識が向かっているため、自己意識に苛まれることはない。

いつも友だちとつるんでいる人は、自己意識から逃れたいのだろう。自分に直面するのを避けたいのだ。だれかと一緒にいれば、人間存在の個別性から目を背けることができる。さみしさを紛らすことができる。

実存心理学者のロロ・メイは、孤独に脅かされている人々が他者と接触したがることについて、つぎのように指摘している。

「「好かれている」という社会的に受け入れられている状態は、孤独を寄せつけないでおくうえに、たいへん大きな力をもっている。人間は居心地のよいあたたかみを身に感ずるからである。すなわち、当人は集団の中に没入してしまう。（中略）あたかも子宮への還帰を願っているように、集団の中へ再度吸収されてしまう。それによって、一時的に、孤独から逃れることができる。しかしそれは、当然としての自己同一性をもった自己の存在を放棄するという高い代価を払うことになる。」（ロロ・メイ／小野泰博訳『失われし自我をもとめて』ロロ・メイ著作集1、誠信書房、以下同書より）

「いかに彼らが「身体を寄せ合っている」にしても、ますます孤独に追いやられる運命にある。」

ロロ・メイの「あたかも子宮への還帰を願っているように、集団の中へ再度吸収されてしまう」という言葉は、前章の最後で触れた胎内回帰願望を連想させる。

母親の胎内から独立した個体としてこの世に生まれ落ち、子ども時代を楽しく過ごしてきたけれども、自己意識が高まってくると、友だち関係や勉強で悩むことも多くなり、さみしさが込み上げてくる。そんなとき、「あの頃はよかった」「あの頃に帰りたい」といった思いが脳裏をよぎる。

でも、母親の胎内に戻ることなど実際にはできないし、そんなユートピアのような世界は、現実にはどこにもない。そこで、友だちと群れることで気を紛らそうとする。何かにつながっていることによって、安らぎを得ようとする。

そのようにして自分と向き合うのをやめて、一時的に孤独から逃れようとしても、それは最終的にはうまくいかない。なぜだろうか。それについて、もう少し考えてみたい。

つながっていないと不安

学生たちに聞いてみると、このところ一人でいられない心理が蔓延《まんえん》しているように思われる。かつての若者の間では、群れるのは弱い人間みたいでかっこ悪いといったイメージが共有されていたと思うが、今は逆に一人でいるのはかっこ悪いといった感じになっているようだ。

それにはSNSの登場が大きく絡んでいるのだろう。

たとえば大学生を見ると、今や入学前に合格者同士がSNSを通してつながる時代である。入学式の日に、最寄り駅でSNSを通して知り合った者同士が待ち合わせて、そこから一緒に大学に向かうことも珍しくなくなった。

多くの新入生たちが駅前で待ち合わせて一緒に入学式の会場に向かうのを見ると、だれも知り合いがいないため一人でやってきた者は、肩身の狭い思いがする。そんな話が広まることで、入学前にSNSで友だちをつくっておこうと必死になる者が目立つようになってきた。

かつては高校や大学の入学式など、はじめての場に行く際には、友だちがほとんどいなくて、知らない人たちの中にポツンとしている状況で孤独を感じ、緊張感からぎこちなくなるのが普通だった。そうした孤独は避けることができないものだった。だが、SNSによって避けられる可能性が出てきたことで、そのような孤独が耐えがたいものになったようだ。

実際、学生たちによれば、はじめての場に行ったときに一人ぼっちにならないように、前もってSNSで友だちをつくろうと必死な人が周りにたくさんいるという。

また、授業中やアルバイト中以外の空き時間に何をしているかを尋ねると、スマートフォンをいじっている時間が一番長いという者が非常に多い。

このようにして、絶えずだれかとつながっているのが当たり前になると、一人でいることに不安を感じるようになる。だれかとつながっていないと不安になる。

そんな心理について、学生たちは、つぎのように語る。

「私も、つながっていないと不安な人間です。駅から学校までの間は、音楽を聴きながら一人で歩いていればいいわけだけど、でもみんなが友だちと一緒におしゃべりしながら歩いているのを見ると、なんか孤独だなって思う。だからたいてい同じ授業を取る仲間と駅で待ち合わせて学校に行きます」

「授業は、ただ聴いていればいいんだから、友だちといても意味ない、一人でもいいじゃないかって思うかもしれませんけど、一人で席を探して座るっていうのが、どうしても嫌なんです」

「一人でいると、孤立しているんじゃないかって不安になるから、駅で集合して学校に行ったり、お昼も一緒に食べたり、集団から離れないようにいつも気をつけています」

「学校で一人でいると、友だちがいないんじゃないかって思われそうで、いつもだれかと一緒にいるようにしています」

「一人で授業を受けたり、お昼を食べたりしていると、ちょっと変わってる、普通じゃないって思われそう。だからいつも友だちと一緒に行動してる」

「昼休みとか授業中とか、たまたま一人でいることになると、自分のことを変に思われないか、すごく気になって、どうも落ち着きません」

「みんなと一緒にいないと、なんか取り残されてるようで不安になるから、登校中に友だちと連絡取って、学校に行くとすぐに合流できるようにしています」

「たまに友だちが休みで一人で授業を受けていると、周囲から浮いてるような気持ちになって居心地悪いので、友だちが多い人が羨ましいです」

「一人でいると、孤独な人、かわいそうな人って見られる気がして、いつも仲間とつるんで過ごしています」

「一人で授業を受けている子をたまに見かける。すごいなあって思うけど、自分には難しいなって感じる。でも、その度に、そんな自分に嫌気がさす」

このように、つながっていないと不安な心理を自分も強くもっているという学生たちが非常に多い。一方で、そのような友だちが周りに多いことへの違和感を訴える学生もいる。

「自分の周りに、つながっていないと不安な人があまりに多くて驚くことがあります。

一人じゃパンも買いに行けない。友だちと一緒じゃないと授業にも出られない。たった一五分程度の学校への道のりも一人じゃ歩けない。服とかアクセサリーの買い物も一人で行けない。そんな人がうじゃうじゃいるんです」

「私の友だちは、一人で授業に出るのを嫌がって、どの科目を履修するかさえ、私の真似をするんです。それで、私が何か用事があって授業に出られないときは、その子も休んじゃうんです。私は、合わせてもらってるだけだから、べつに不満はないですけど、なんでそこまで人に合わせるんだろうって不思議です」

「私は、一人でお昼を食べたり、教室で一人で授業を受けたりするのはまったく平気なタイプなんですけど、周りにはつながっていないと不安な人があまりに多いように感じます。「一人でいる＝友だちがいない」っていう安易な考えが広まっているのが問題だと思います」

「私の友だちにもつながっていないと不安な人が多いですけど、「ぼっち」っていう言葉が浸透したことで、一人になることに恐怖心をもつようになったんじゃないかって思います」

いずれにしても、「つながっていないと不安」といった心理が、若者の間に広く浸透しているのは事実といってよいだろう。

盛り上がった後のさみしさ

仲間といると気が紛れ、さみしさや不安から逃れられるというのは確かだ。でも、だからといって、仲間と一緒にいるとき、心から快適で満足しているわけではないようだ。

学校で学生たちを見ていると、友だちグループで賑《にぎ》やかにおしゃべりをし、思い切りの笑顔で盛り上がり、いかにも楽しく過ごしているように見えるのだが、個別に話を聞くと、必ずしも楽しいばかりではないことがわかる。表面上の楽しそうな様子とは裏腹に、満たされない思いを心の内に抱えているようだ。

ある学生は、その複雑な思いについて、つぎのように語る。

「みんなで盛り上がってしゃべっているときは、ほんとうに楽しいのかもしれません。

でも、自分の中に、もう一人の自分がいて、こんなんじゃつまらない、私のほんとうにしゃべりたいことはこんなことじゃないっていう声が聞こえてくるんです。結局、ウケ狙いの言葉が飛び交うばかりで、ほんとに気になっていることが話せない。それがちょっとさみしいのかなって思います」

このような意味のことを言う学生は少なくない。みんなで盛り上がるのは楽しいのだけれど、それだけでは物足りない、もっと内面的な話もできればいいのだけれど、そういう重たい話ができる雰囲気ではないのだという。

別の学生も、つぎのように言う。

「僕は、昼休みや授業が終わって帰る前に、みんなで盛り上がるのは楽しいし、バイトがない日とかは、その流れでご飯食べに行って、そこでも盛り上がるんです。でも、その後、駅でみんなと別れて一人になると、何かちょっと違うかなっていう気がするんです。上辺だけの楽しさっていうか、その場のノリに合わせて、必死になってしゃべってるような感じがあるんです。どこかで無理をしてるみたいな。無理なく話せる関係があればいいんですけど……」

つながっていないと不安だから、絶えず仲間でつるんで盛り上がる。でも、それだけでは満たされない思いがあるのだ。

一人でいられない症候群？

つながっていないと不安、でもつながっていても何か物足りない。結局、いくらつながっていてもさみしさが癒《いや》されないため、ますます一人でいられなくなる。

時間をかけて、とくに気の合う相手、価値観の合う相手と出会うのを待つ、という感じではなく、「とりあえず、だれかとつながらないと」といった感じの即席の友情であるため、気を許せる関係になかなかなっていかないことが多い。入学前からＳＮＳで友だちをつくるなど、まさにそんな感じだろう。

それは、友だちづきあいというよりも社交に近いのではないだろうか。

ここで再び、メイがパーティについて述べている箇所をみてみよう。

「とくに出たいというのでもなく、また、そうした集りの中で、楽しんだり、仲間をつくったり、体験や人間的なあたたかみを分かち合いたいというのでもない（往々にして、人々は楽しむどころか、単に退屈している）。どちらかといえば、招待されているというそのこと自体が重要なのである。というのは、自分は招待の数に加えられているということそのことが、自分は孤独でないということの証左になるからである。多くの人々にとって、孤立していることは、この上なく恐ろしいおびやかしであり、その孤独のもつ積極的な価値をほとんど知ることなく、ときどき、自分は一人ぼっちになるのではないかという予想だけでひどく恐れてしまう。」（ロロ・メイ前掲書、以下同書より）

「現代社会は、自分が社交的に受け入れられるということを、あまりに強調しすぎている（中略）自分はいつも他人に求められており、決して孤立してはいないということが、「社会的成功」であることをたえず証明しなければならない。」

「現代人の孤独を裏返せば、そこにあるものは、孤立することへの非常な恐怖感になる。」

これは一九五〇年代にアメリカで言われたことである。そして、僕が臨床心理学を学んでいた一九八〇年代にも、アメリカのような孤独な社会ではカウンセラーが必要になっているが、日本はそんな孤独な社会ではないからカウンセラーなど必要とされないだろうと言われていた。

ところが、その後日本でもカウンセラーが必要とされるようになってきた。それは日本も孤独な社会になったということの証拠と言ってよいだろう。

そして、メイの言葉は、今の日本では、現実の社交のみならず、ＳＮＳにもあてはまる。一人になると孤独感に苛まれるため、とにかくだれかとつながっていたい。アメリカのようにパーティの文化がない代わりに、今の日本にはＳＮＳの文化がある。一人でいられない人にとって、ＳＮＳは恰好《かっこう》の逃げ場を与えてくれる。

社交のもつ本質的なむなしさ

このように見てくると、社交的で、だれとでも気軽に話せる人も、けっして孤独と無縁ではないことがわかる。

傍《はた》から見れば、いつもみんなの話の輪の中心にいて、いかにも楽しそうに見える人も、心の中ではさみしさを振り払うべく、必死になってつながりを維持しようとしているのかもしれない。

結局、生きていく限り、人はだれも孤独なのである。メイは、実存心理学の立場から、社交というもののむなしさについて、つぎのように指摘している。

「(前略)パーティで同じ顔ぶれに会い、おなじカクテルを飲み、おなじ話題について語り、時には話題にことかくという状態を繰り返しながら、そのパーティをあきもせず続けているという事実にはきわめて重要な意味がある。大切なのは、話されている内容それ自体ではなく、なにかが、たえず話されているということである。沈黙は、大きな罪悪なのである。というのは、沈黙は孤独と恐怖を招くからである。自分の話すことにあまり多くの内容をくみとったり、深い内容を含ませてはならない。すなわち、あなたは、自分の口にすることばについて、理解しようとしないとき、かえって有効な社交の機能を果たすからである。」

このように言われると、なるほどという感じなのではないか。社交というのは、本質的にむなしいものなのだ。盛んに社交をしている人も、じつは孤独を怖れるあまり、だれかと一緒にいないと不安で仕方がないのだ。

仲間と群れ、おしゃべりで盛り上がっても、何となく物足りない。それは無理もないことなのだ。そこで話されている内容にとくに意味があるわけでもなく、ただ何かが話されているということによってホッとしているだけなのだから。

物足りなさの理由がこれでわかったとしても、けっしてスッキリするわけではない。社交にその程度の意味しかないのであれば、さみしさはどうしたら癒せるのだろうか。

一緒にいてもさみしい

仲間と群れていてもさみしい。友だちと一緒にいてもさみしい。何か物足りない。それは、一人でいるときのさみしさより痛切なものだ。

一人でいることのさみしさは、みんなで群れて行動したり、飲んだり食べたりしながらおしゃべりで盛り上がったりすれば、紛らすことができる。でも、みんなと一緒にいるときに感じるさみしさとなると、なかなか紛らしようがない。

それは、第2章で取り上げた個別性の自覚に伴うさみしさに通じるものである。どんなに近づいても、どんなに仲良くしていても、相手と自分の間に乗り越えることのできない溝があるのを感じざるを得ない。

つぎの文章には、相手との間の溝を少しでも埋めてつながろうと必死になっている姿が描かれている。

「私は家庭に在っては、いつも冗談を言っている。それこそ「心には悩みわずらう」事の多いゆえに、「おもてには快楽《けらく》」をよそおわざるを得ない、とでも言おうか。いや、家庭に在る時ばかりでなく、私は人に接する時でも、心がどんなにつらくても、からだがどんなに苦しくても、ほとんど必死で、楽しい雰囲気を創《つく》る事に努力する。そうして、客とわかれた後、私は疲労によろめき（中略）

つまり、私は、糞真面目《くそまじめ》で興覚《きょうざ》めな、気まずい事に堪え切れないのだ。私は（中略）薄氷を踏む思いで冗談を言い（後略）」（太宰治「桜桃」『ヴィヨンの妻』新潮文庫、所収）

これは、太宰治の文章であるが、ここには気まずさを怖れいつも冗談で周囲を笑わせている自身の内面が描写されている。

人とかろうじてつながりをもつための道化。家族の前でも道化を演じざるを得ない。ましてや他人の前では、よりいっそう必死になって道化を演じ、気まずさを消し、何とか形だけでもつながろうと必死になる。

このように人と絶望的なまでに切り離され、つながることができない孤独。それは、太宰の代表作である『人間失格』において吐露されたものに他ならない。

「人間に対して、いつも恐怖に震いおののき、また、人間として自分の言動に自信を持てず、そうして自分ひとりの懊悩《おうのう》は胸の中の小箱に秘め、その憂鬱、ナアヴァスネスを、ひたかくしに隠して、ひたすら無邪気の楽天性を装い、自分はお道化たお変人として、次第に完成されて行きました。」（太宰治『人間失格』新潮文庫）

ここまで極端な人は珍しいかもしれないが、気まずくなるのを嫌い、重たいことは持ち出さず、道化によって必死につながろうとするという姿勢に共感する人は、案外多いのではないか。

太宰がいつの時代にも若者の支持を得るのは、人とつながることをめぐる葛藤が青年期の重要な要素だからではないだろうか。

自分がどんなに深刻な悩みを抱えているときでも、一人になって思い出すと憂鬱にならざるを得ないことがあるときでも、みんなでいるときは満面の笑顔で冗談を言って笑わせている。僕自身も、中学生から大学生の頃、そんな傾向があったように思う。大学生の頃は、周囲に気をつかわせたくないというような気持ちも強く、そうした行動を取っていたような気がする。

道化のペルソナが外れない

周囲の人たちとつながるためのペルソナに苦しむ人もいる。

ペルソナとは、外的世界への適応のために個人が身につけた態度のことである。わかりやすく言えば、人間関係を円滑にするための仮面である。

学校の先生なら先生らしいペルソナを身につけ、営業担当者であれば営業の人間らしいペルソナを身につけないと、仕事上の役割をうまく遂行することができない。社会的役割をきちんと担うためにも、社会的に適応するためにも、安定したペルソナを築くことが必要となる。学生であれば、もっとプライベートな意味での役割、友だちづきあいにおいてこんな役回りを演じているという意味でのペルソナである。

ペルソナの安定しない人物は、行動の予測がつきにくく、相手からすればよくわからない人物、それゆえ信頼しにくい人物、あるいはつき合いづらい人物ということになりやすい。

ただし、ペルソナというのは、自分本来の姿、個性といったものをある程度犠牲にすることで維持されるものであるため、あまりにペルソナに忠実に生き続けていると息が詰まって苦しくなる。

ある学生は、いつも笑顔でおちゃらけているため、深刻に悩むことがあり、とてもはしゃぐような気分じゃないときも、みんなに会うと反射的に笑わせるようなことを言ってしまい、いつものようにテンションをあげて場の盛り上げ役に徹している。そこまで無理しなくてもいいのにと思うものの、どうしても無理をしてしまい、それが苦しくなることがあるという。

自分はけっこう無理してサービス精神を発揮し、場の盛り上げ役を引き受けているのに、仲間たちからはお調子者みたいに見られ、一方、仲間のことなど考えずにテンション下がってる自分を平気で出す人がまじめとみなされ同情されたりして、何だか損な性格だなと思うという者もいる。

いつも明るく元気に冗談を言っているけれども、ときには悩むこともあり、人に話したくなったりもするのだが、あるとき友だちに話したら、「何言ってるんだ。お前らしくないな」の一言でかわされてしまい、ほんとうの自分の姿をさらけ出せる友だちがいないことに気づき、とてもさみしい気持ちになったという者もいる。

それなら無理して明るく振る舞ったり、はしゃいで盛り上げ役を演じたりするのをやめればいいと思うかもしれない。でも、いったんペルソナが身につくと、それを脱ぎ捨てるのはかなり難しい。なぜなら、周囲の人たちはそのペルソナを通してこちらとかかわっているからだ。

無理してはしゃぐ自分から脱しようと思ったけれど、そうした行動パターンが自分の中で自動化しているため、結構深刻な気分のときでも、友だちと会った瞬間におちゃらけてはしゃぐ自分に切り替わる。そんな習性が染みついてしまった自分がいる。サービス精神でつながるのではなく、お互いにほんとうに気になることを率直に話せる関係になりたい。そんな悩みを口にする者もいる。

そうした悩みを聞くにつけ、ユング心理学者河合隼雄《はやお》のつぎのような記述を思い出す。

「ペルソナの形成に力を入れすぎ、それとの同一視が強くなると、ペルソナはそのひとの全人格をおおってしまって、もはやその硬さと強さを変えることができなくなり、個性的な生き方がむずかしくなる。いつか、マルセル・マルソーのパントマイムを見たとき、ある男がいろいろな面をかぶって喜んでいるうち、道化の面をかぶると取れなくなってしまって困る場面の演技があった。面を取ろうと苦労して、身体はもがき苦しむが、どんなに苦しんでも、ずっと顔のほうは道化の笑い顔で、この相反するものを表現してみせるところにマルソーの演技が輝きを見せる。これは、まさに硬化したペルソナの悲劇を演じているものと感じられたのだった。」（河合隼雄『ユング心理学入門』培風館）

こうしてみると、周囲にうまく溶け込むためにはペルソナは大事だが、ペルソナを脱ぎ捨てて本来の姿をあらわす場をもつことも必要であり、自分の出し方を調整するという意味で、適度な柔軟性をもつことが大切だとわかる。

ペルソナを外すことができず、ペルソナに同化した生き方をしていると、ときに窒息しそうな息苦しさに襲われることになりかねない。

社交家のさみしさ

社交家の中にも、太宰ほどではないにしても、気まずくなるのを恐れて必死に無駄口を叩《たた》いている人がいるかもしれない。その心の中は、孤独地獄とでも言うべき、荒涼とした風景が広がっているのだろう。

そこまで深刻な感じではなく、ふつうに社交的に振る舞っている人でも、じつは密かにさみしさに喘《あえ》いでいることがある。

自分は社交的な方だし、だれとでもすぐに打ち解けて話せるため、性別にかかわらず友だちはたくさんいるという女子学生が、じつは人間関係の悩みを抱えているといって相談に来た。

「自分はこんな性格だから、友だちも声をかけやすいんだと思うんですよね。それで女同士のコンパとか合コンとかがあるたびに声がかかるし、誘われれば都合が悪くないかぎり断ることもないし、ふつうより賑やかな生活をしていると思います」

これだけ聞くと、何を悩んでいるのかわからないかもしれない。でも、その声のかけやすさ、だれとでも打ち解けやすい雰囲気、それが仇《あだ》になることもあるのだ。

話を聞いてみると、みんなで食事に行ったり、飲みに行ったりするときは必ず声がかかるし、合コンとかも、自分がいると話に詰まることがないせいか、よく誘われるのだけれど、二人とか三人で個人的なつき合いに誘われることがないのだという。

「いろいろ振り返ってみると、どうも私は、場を盛り上げるためのコンパ要員のような位置づけになってるみたいなんです。だから、みんなで集まるときは声がかかるけど、個人的につき合う相手とみなしてもらえてないんです。それが何だかさみしくて。結局、冗談を言って盛り上がる相手にはなっても、内面的なことを共有する相手じゃないってことですよね」

メイが見事に指摘したように、意味のないこと、つまり雑談を切れ目なくしゃべり続けられるのが社交家の条件と言える。ゆえに、コンパなどでは盛り上がりに欠けるということのないように、話が続かず沈黙するというようなことのないように、社交家を誘うのが便利に違いない。でも、社交家は、どうでもよい話をする雑談力が評価される分、内面的なことをじっくり語り合う相手とはみなされにくいのである。

群集の中の孤独

かつて群集の中の孤独ということが注目を浴びた時代もあった。孤独感を紛らわそうとして、街に出かけ、群集の中に紛れ込む。みんなの中に溶け込むことで、疑似的な一体感が味わえることを期待してのことだ。

一人でいるとき、ふとさみしさを感じて、街に繰り出し、人混みの中に紛れ込もうとする。そうした経験は、だれにでもあるのではないか。都会の繁華街には、そのような人がたくさん彷徨《さまよ》っているのではないだろうか。

だが、結局のところ、そのような試みは徒労に終わる。人の流れに身を任せて歩いていても、賑わう店に入ってみても、周囲に人はたくさんいるものの、何のかかわりもないわけで、水の中に浮かぶ一滴の油のように周囲から浮いている自分を意識せざるを得ない。

このような思いに誘われることは、ずっと昔からあったようだ。

浅草《あさくさ》の夜《よ》のにぎはひに
まぎれ入《い》り
まぎれ出《い》で来《き》しさびしき心《こころ》

（『石川啄木全集』第一巻、筑摩書房）

これは啄木の『一握の砂』に収録されている短歌である。さみしさを紛らそうと浅草のにぎわいの中に紛れ込み、歩き回るうちに気持ちも変わることを期待したが、にぎわいから出てくると、より一層さみしい気持ちになっていた。そんな経験はないだろうか。

地方から出てきて下宿をし、週末に下宿で一人で過ごしていると人恋しくなることがあり、繁華街に出かけることが多いという学生もいるが、それも群集の中に身を置くことで孤独感を紛らわそうという試みだろう。

でも、飲食店に入っても、カップルが仲むつまじくしていたり、家族連れがほのぼのした雰囲気を醸し出していたり、グループで賑やかにしていたりするのを見るにつけ、自分がひとりぼっちだという現実を突きつけられる。

ある学生は、電車に一人で乗っているとき、無性にさみしくなることがあるという。電車にはたくさんの人が乗っており、なかには連れと親しげにしゃべっている人もいるのに、だれもこっちには関心がなく無視している。それがたまらなくさみしい。そうした気持ちに共感できる人が少なくないのではないか。

一人でいるときに感じる孤独も辛いだろうが、多くの人たちの中にいて感じる孤独も切実に身にしみる。周りに多くの人たちがいるのに、その人たちは自分の気持ちとはまったく無関係に存在しているのだ。心の上での何の接点もない。周囲の人たちにとって、自分は単なる景色のようなものなのだ。

このような群集の中の孤独は、今どきのＳＮＳがもたらす孤独に通じるものがある。

ＳＮＳが助長する浅いつながり

ＳＮＳにより、目の前にいない友だちともつながることができる。学校から帰っても学校の友だちとSNSでやりとりができる。実際には会えない夜中でも、さみしくなったらスマートフォンをいじり、友だちとやりとりすることもできる。学校にいるときも、アルバイト先の友だちとSNSでやりとりができる。転校していった遠くに住む友だちのことを懐かしく思ったときは、SNSでいつでもやりとりすることができる。

それによって孤独が癒されるという声がある一方で、SNSのせいで常にだれかとつながっているのが当たり前になっており、つながっていないと不安な心理に陥ってしまい、さみしさを感じやすくなったという声もある。

自分はSNS依存ではないかという学生は、SNSで友だちにメッセージを送り、向こうからメッセージが返ってくると、すぐにまたメッセージを送り、相手から返事が返ってくるまでずっと気にしている自分に気づき、これはちょっとまずいなと思ったという。

SNSでだれかとつながっていないと孤独感に襲われ、相手から返信がないと気持ちが落ち着かず、別の相手にメッセージを送りまくってしまうという声もけっこう聞く。

SNSでだれからもメッセージがないと、みんなから嫌われているのではないか、仲間外れにされているのではないかと不安になり、ものすごい孤独感に襲われるという学生も少なくない。数分返信が来ないだけで落ち込んでしまうということもあるようだ。

結局、つながることでさみしさが消えるわけではなく、恒常的につながっていないとダメな感じになり、その合間に絶えずさみしさがつきまとうのだ。

さらには、SNSはつながりをたくさん生み出すものの、ほとんどがお互いのことをそんなに知らない浅い関係なので、繫《つな》がりが多いからといって孤独感が癒されることはないようだ。

SNSでいくらつながっていても、目の前にいないから存在感が薄く、それで孤独感が増すということもあるが、そもそもSNSでは簡単に友だちになるため、そんなに親しくないことが多く、それがまた孤独感につながるということもある。

実際、いろいろな友だちとSNSでやりとりしていても、心の隙間を埋めることができず、だれかとつながることでさみしさを紛らそうと、ますますSNSの世界にはまっていく者も少なくないようだ。

ＳＮＳだと何人もの人とつながることが可能なため、友だちが一〇〇人とか、極端な場合五〇〇人とかいう人もいる。五〇〇人以上仲間がいるという学生によれば、その人物は、四六時中ＳＮＳで無数の友だちとやりとりしており、現実に目の前の友だちと話しているときもしょっちゅうＳＮＳで目に見えない友だちとやりとりし、授業中でさえもＳＮＳでどこかにいる友だちとやりとりしているという。

その中の一人一人とじっくり向き合って語り合うことなど、どう考えても不可能だ。そうなると、友だちとは言っても、お互いに相手のことをほとんど理解していないということにならざるを得ないだろう。

ＳＮＳをやるようになってから一人でいるときに落ち着けなくなったという者が非常に多いが、心の隙間を友だちの数で埋める感じになり、結局のところ浅い関係ばかりなため、いくら友だちを増やしたところで孤独感が癒されることはないのだろう。

浅いつながりの世界から脱したい

浅いつきあいがいくらあっても、孤独感が癒されることはない。親からの自立という人生上の重大な課題と向き合う時期には、お互いの思いを共有できる深いつきあいが必要だ。

でも、そのような深いつきあいのできる友だちは、そう簡単にできるものではない。大学生活を一年間送ってきたある女子学生は、内面を分かち合いたいという思いは強くても、なかなかそれができない人づきあいの難しさについて、つぎのように語る。

「私は、よっぽど仲の良い相手でないとほんとうの自分は出しません。自分の中の暗い部分を出して引かれたりするのが恐いからです。そんな警戒心のためか、知り合って間もない頃は、話しかけられても素っ気ない態度をとってしまいます。一方で、私はその場の雰囲気や相手の立場や性格によって接し方や話し方を変えたりもします。その意味では、かなり社交性はあるほうだと思います。でも、もともとは私は人づきあいが苦手なんです。むしろ人自体が苦手です。私は自己中心的だと思うんですけど、相手に対してものすごく気をつかう面もあります。それで疲れてしまうんです。無理して人に対して明るく振る舞っているときがあり、何を話したらいいのかわからずに困りながらもとにかく話し続けます。そして、後でどっと疲れが出て、人と接するのが嫌になることもあります。根っから明るい人間ではない癖に無理をするから突然疲れが出たりするんだと思います。無理してるっていう自覚がないときもあって、後になって何でこんなに気分が沈むのかなって思います。でも、ほんとうに仲の良い人とは何でも言い合いたいと思いますね。親友っていうのは「何でも話し合える相手」と思ってますから」

　このような気持ちに共感する人が多いのではないか。冗談や噂《うわさ》話で盛り上がるのも楽しいし、束の間の気晴らしにはなるものの、それだけではやっぱりさみしい。気になることを何でも話せる親友がいたらどんなにいいだろうというのは、だれもが思うことに違いない。

第4章　孤独だからこそ、人を切実に求める

世界からの疎外感

ある時、男子学生が相談にやってきた。

「世界が遠のいてしまった感じなんです。家族と食事していても、親が目の前にいるんですけど、何だか遠くに見える感じで……。学校に来ても、仲間たちから声をかけられて一緒にいるんですけど、みんなが遠くにいる感じなんです。周囲の人と自分の間に磨りガラスがあるみたいな感じで、現実感がないんです」

その学生によれば、好きな女子学生に告白して、つきあい始めてすぐに振られてしまい、その失恋のショックで落ち込んでいるうちに、こんな感じになったのだという。

「それ以来、周りの風景から色がなくなっちゃったんです。セピア色の世界に住んでる

みたいな感じになっちゃったんです」

これは、何か大きな衝撃を受けるようなことがあり、心のエネルギー水準が低下したときに起こりがちな、離人症的な症状である。それは、外の世界の景色、物、出来事、人から疎隔されているような感覚や、自分自身の心的活動や身体からも疎隔されているような感覚を伴う意識障害である。外の景色や物、出来事、人にも現実感がなく、自分の身体さえ現実感がなく自分の意思で動かしている感じがしない。

だが、青年期には、特別衝撃的な出来事がなくても、個別性の自覚に伴い、自分がみんなから切り離されたような感じに襲われることで、離人症に似た症状が生じることがある。

「青や赤の電燈に照らされた商店街を歩きながら、Mはこのごろ時として持病のようにおこる、一種奇妙な感情にとりつかれていた。（中略）その感情にとりつかれると、ふいにあらゆるものが自分と無関係に思え、自分自身の肉体すらも、何か自分そのもの、意識の根元である真の自分そのものとは、別のもののように思えるのであった。（中略）

彼は孤独であった。彼の意識は、もはや全てのものに現実感を失なっていた。（中略）とある商店街の人ごみの中で、Mはふいに耐えきれなくなったかのように、路上に倒れこむのであった。（中略）彼が倒れたのは孤独のためであった。このように明かるい、このように人の大ぜいいる街角にいながら、なお彼は孤独であった。（中略）肉体はあたかもそれが全てであるかのように、いたる場所《ところ》で彼の役割を演じはしたが、彼の意識はたえずそれを傍観していた。（中略）彼の意識は孤独の空間をさまよいつづけているのであった。」（三田誠広《まさひろ》『Mの世界』河出文庫、以下同書より）

これは、作家の三田誠広が一年間不登校状態にあった一七歳の高校時代に書いた文章である。

多くの人とすれ違いながら、だれも自分のことを知らないし、関心すらない。都会の繁華街でだれもが日常的に経験していることだが、自己意識が高まり、さみしさを感じている青年期の心には、それがまた耐えがたくなる瞬間がある。群集の中での孤独だけでなく、これまで何の疑問もなく温かく包まれていたはずの家族の中にいても、無性にさみしくなることがある。

『Mの世界』の主人公も、家族を前にして戸惑う。家族と居間にいるとき、怒りとも焦燥とも知れない、奇妙な不安を覚えるという。そして、

「これは何だ？　俺はどこにいる？　これが最も俺の安らぐべきところなのか？」

と心の叫びを上げる。結局、家族といえども、こちらが演じている表面的な見せかけの自分しか知らない。

「そして、本当の、正真正銘の俺自身は、いつも孤独だ。」

と心の中でつぶやく。

教室で同級生たちの中にいても、だれも自分のことをわかってくれない。みんなの中にいても、目の前の光景に現実感がもてない。たまらない孤独感に襲われ、心の叫びを上げる。

「意識が、俺の意識が遠くへ行ってしまう。まっ暗で、何もない、絶叫したいような孤独な空間へ……。（中略）全ては別世界の出来事だ。みんな俺とは無関係だ。徹頭徹尾

無関係だ！」

そして、どんな相手とも心が触れ合うことなどないのではないかといった絶望的な思いにとらわれる。

「他人が知っている俺というものは、ただただ俺の肉体だけなのだ。だが一体、人間《ひと》と人間《ひと》との〝関係〟とはそんなものなのだろうか。人は他人の中で、ただ肉体という形だけでしか存在できないのだろうか。

そうなのだ。人はけっして心と心とで、他人と関係を結ぶことはできないのだ。たえず肉体というものを通してでないと、人はおたがいに交渉することができないのだ。言葉や身ぶりなど、人から人への伝達は、全て肉体をとおさなくては行なうことができない。」

「彼の意識は、永遠にどんなものとも関係をもつことができない。そう考えると、彼は心の底から淋しく、やるせなく、苛立たしくなるのであった。彼はどうしようもなく不安だった。彼は何かに思いきりすがりつきたかった。」

さみしいからこそ、人と深くつながりたい

大勢の中にいても、だれとも気持ちが触れ合わない。家族の中にいても、同級生たちの中にいても、こっちの内面なんか何もわかってくれない。自分がすべての存在から切り離されているように感じる。そんなさみしさの中、何とかわかり合える相手がほしい、だれかとほんとうの意味でつながりたいと切実に願うようになる。

家族や友だちとつながっていることに何の疑問も感じなかった児童期と違い、青年期になると、そうしたつながりがじつは心理的一体感という幻想に基づくものであることに気づくようになる。温かく包まれているように感じていた世界が反転し、寒々とした世界に感じられてきたりする。

そこを何とか以前のように温かい世界にしたい。前向きに生きていくエネルギーをもらえるような温かい世界に、何としてもしなければならない。そのためには、わかり合える相手が必要だ。

だが、だれかと親しくなり、行動を共にするようになると、感受性の違いや価値観の

違いが気になってくる。心理的距離が遠かったときには気づかなかった自他の違いが、心理的距離が縮まるにつれて、はっきりと感じられるようになる。

ふと日頃思っていることを漏らすと、期待していたのとは異なる反応が返ってくる。向こうが口にする言葉を聞いても、はっきり言って、あまり共感できない。なんでそんなことを考えるんだろうと思ったりする。

そこで気づくのは、こっちが話すことも、向こうにとっては理解できないことだったり、どうでもよいことだったりするのではないかということだ。そこで、相手との間に乗り越えることのできない深い溝があることを思い知らされる。

距離が遠かったときに感じる心の溝よりも、距離が近くなったときに感じる心の溝の方が、はるかに深刻だ。

結局、人間は一人で生きていくしかないのだ。人とつながっているというのは、甘い幻想に過ぎないのだ。

それが真実かもしれない。でも、僕たちが生きている心の世界も、けっして客観的な世界などではなく、きわめて主観的な世界だ。それなら幻想でもよいから、だれかとつながりたい。そう思うのも、ごく自然なことだろう。

恋愛は幻の橋かけ作業

このように孤独な存在である人間は、人々からの分離を何とかして克服しようとする。そして、他人との間に原初的な一体感を求める。

そのひとつの試みが恋愛である。恋愛は、別の個体との間に幻の橋をかけようという試みとみることもできる。

ギリシア時代の哲学者プラトンは、『饗宴《きょうえん》』の中で、エロスの衝動の根源を神話的に説明している。それによれば、昔の人間は球に近い形をしており、球状の胴体のまわりに四本の手と四本の足がついており、二つの顔が後頭部でくっついた頭部が上に載っかっていた。

人間たちは、前にも後にも自在に歩けるばかりでなく、急ごうと思えば八つの手足を支えにして車輪のように転がることができた。このような人間が、ついに神々に挑戦するようになり、危機を感じたゼウスは、生かしながら人間の力を弱める方法を考えた。その結果、人間の原形は真っ二つに両断され、人間は直立して二本の足で歩くようになった。

それと同時に、切断されたいずれの半身も、失われた他の半身を求め、再びこれと一体化しようという強い情熱をもつこととなった。

すなわち、恋愛とは自分の原形を取り戻そうという試みだというのである。

しかし、二つの個性をもつ人間の間には、越えがたい深淵《しんえん》があり、一体化による分離の克服は常に挫折に終わる運命にある。ただし、生殖は非連続の存在が束の間の連続性を手に入れる可能性を開く。

思想家のバタイユは、人間のエロティシズムが動物の単なる生殖行動とどこが違うかといえば、生殖や子どもへの配慮につながる自然の目的とは独立した、ひとつの心理的探求が存在することだという。

非連続な孤立した存在であるひとつの精子とひとつの卵子が結びつくことによって、一種の連続性がそこに形成される。もちろん、そこに誕生するひとつの新しい個性は再び非連続な存在であるため、その連続性はほんの束の間のものに過ぎない。

それと同様に、人間は性的行為の瞬間に連続性の幻影を垣間見《かいまみ》るのであろう。バタイユによれば、人はだれでも失われた連続性への郷愁に支配されている。そして、人間存在の孤独と非連続性とを、ひとつの深い連続性の意識に変えることが、エロティシズムに課せられた使命なのである。

こうして恋人同士は、この世において愛する相手だけが二つの非連続な存在の連続性を実現することができると信じる。しかし、これは不可能の追求であるため、人は再び苦悩の中に迷い込むことになる。一度この世に生まれたからには、その存在の根源に立ち返ることなどできはしない。

ただし、不可能の追求だからといって、その試みを無意味とみなすわけにはいかない。恋愛とは、幻想的な一体感を共有するための幻の橋かけ作業なのだ。たとえ二つの個体が一つになることはできないとしても、究極にあるはずの一体化が幻想に過ぎないとしても、それをめざす試みの中に意味があると考えるべきだろう。

さみしさの足りない時代？

恋愛できない若者が増えているという。それについて学生たちに問いかけてみたところ、「恋愛する必要性を感じない」といった声がけっこうある。

さらに気になるのは、「恋人に自己開示するのはリスクがあるから、親に自己開示する方が安全だし、気持ちも楽だ」という人もいる。恋人に限らず、友だち関係について問いかけた際にも、「友だちに自己開示するのはリスクがあるが、親ならリスクがないから、自己開示する相手はもっぱら親である」という者がけっして珍しくはない。

他人に自己開示することにリスクが伴うのは、いつの時代も同じだ。胸の内を明かしたところで、必ずしも共感的な反応が返ってくるとは限らない。理解してもらえないかもしれない。おかしなことを考えるヤツだと思われてしまうかもしれない。他の人に漏らされてしまうかもしれない。結局、思い切って心を開いたとしても、わかり合えるとは限らない。

でも、孤独で、たまらなくさみしくて、だれかとわかり合いたい、わかり合える相手がほしいと切実に思うなら、そうしたリスクを冒してでも、だれかに心を開こうとするだろう。

恋愛が幻想的な一体感を共有するための幻の橋かけ作業であるなら、恋愛をしない若者の多い時代というのは、そうしたリスクを冒してまで恋愛をするほど心の中にさみしさを抱えていない時代なのではないか。さみしさの足りない時代だからこそ、恋愛をすることが少なくなっているのではないか。

その代わりに、今の学生たちの多くが口にするのは、「親とはとても仲がよい」という意味の言葉だ。自立に向けて子どもを駆り立てるのは、べつに仲が悪いという意味ではないのだが、どうも子離れできない親に取り込まれてしまっている者が結構いるように思う。

友だちや恋人と出かけるよりも、親と出かける方が、気心が知れているし、気をつかわなくていいから楽しいという者も少なくない。大学のことや友だち関係で悩むことがあると、何でも母親に相談するという者や服を友だちと買いに行っても似合うかどうか母親にメールで聞いてから決めるという者もいる。

友だち親子について尋ねると、自分は友だちと出かけるし、親と買い物やお茶を飲みに出かけるなんて気持ち悪いという学生もいるが、まったく抵抗のない学生も多く、母親と一緒に買い物やお茶を飲みに出かけることも珍しくないようだ。なかには、友だちと出かけるのと同じような頻度で母親と出かけるという学生さえいる。

そこで問題となるのが、親離れ・子離れという子どもの自立をめぐる親子の葛藤だ。

自立に向けて突き放してくれない親

発達心理学の知見からすれば、青年期には親子というタテの関係中心の生き方から、友だちなどヨコの関係中心の生き方へと移行していくものと考えられている。私が以前実施した自己開示の調査でも、青年期の間に主な自己開示の相手が親から友だちに移行していくことが示されている。

だが、最近では、そのような移行がみられない学生も少なくないのではないか。

森鷗外《おうがい》の娘である作家の森茉莉《まり》は、自分に対して父鷗外が心理的距離を保とうとするようになったときのさみしさについて、つぎのように記述している。

「或時ふと私は、父と自分との間に或冷ややかさのあるのに、気がついてゐた。私は心の隅でその空気を、気にしてゐた。（中略）寂しい空気はいつになつても、なくならなかつた。いつも二人の間に、あつた。空気は薄いけれども執拗《しつよう》で除《ど》けてしまふことは出来ないもののやうで、あつた。私はその空気が気になり、いつも、寂しかつた。どうしてだか前のやうに、父に全身で甘えかかることが、出来なくなつてゐた。（中略）時々私は父に近づかうとした。だが父と私との間にある空気がなぜだかそれをさせない。私は父と少しづつ距たつて行くよりないやうで、あった。（中略）私は少しづつ父と離れた人に、なつていつた」（森茉莉「棘《とげ》」『森茉莉全集1』、筑摩書房、所収）

ここで描写されている父と子の間を隔てるさみしい空気は、父親としての使命感から子どもを自立へと追いやった鷗外の親心が醸し出すものに違いない。

父との間にある、その隔たりのある感覚が、何によるものなのか。それを娘である森茉莉が知ったのは、父が亡くなったあとのことだった。

「或日の事、私は母と話してゐる内に父との間にあつた不思議な空気が、何であつたかを知ることが出来た。私が寂しさを感じてゐた頃、母もそれを怪しんで父に訊《たず》ねたのだつだ。父は《おまりはもう珠樹《たまき》君に懐かなくてはいけない。それは俺がさうしてゐるのだ》と、答へた。父は故意《わざ》と私を遠のけて、ゐたのだつた。寂しさに耐へて、さうしてゐたのだ」（前掲書）

ここには、森鷗外の父としてのやさしさが見事に描かれている。

近頃では、もう自立していかなければならない年頃の子どもが、親と仲むつまじく連れ立って歩いているのをよく見かける。手をつないでいる親子さえ見かけるようになった。

自立すべき年頃になっても自立の力が育っていない巣立ちの病とされる不登校が、深刻な社会的問題として注目され始めた頃、自立できない子どもの背後には自立させない親がいると言われ、母性の暴走が問題とされたものだった。だが、このところ子どもを自立へと駆り立てることをしない親が目立つ。

子どものこの先の幸せを考え、自分のさみしさを堪《こら》えて、あえて突き放す親と、自分が今さみしいのは嫌だから子どもが大きくなってもベタベタして慣れ親しんでおり、子どもの自立の邪魔をしている親。どちらがほんとうにやさしいかは明らかだろう。

親としての使命感をもたず、子どもの自立を促すことをせず、むしろいつまでも自分に頼るかわいい子でいてほしい、子どもが自立しない方が自分はさみしくないといった自己中心的な態度を取るケースでは、子どもはいつまでも親に頼り、自立心の乏しい子になるだけでなく、親をさみしがらせないように自立することを躊躇《ちゅうちょ》しがちとなる。

そのような親の元にいて、ほんとうに自立心が乏しくいつまでも親にべったり依存する若者がいる一方で、そんな親を心の中で乗り越えながらも、ある種のさみしさに苛まれる若者もいる。

ある学生は、家族心理についての授業の後に、親としての使命感、わが子を一人前に育てて社会に送り出すという気持ちがまったくない、そんな親をもっているということが、自分としてはものすごくさみしい、もっと大きな存在の親をもっている友だちが羨ましいと話しに来た。

そうした親の側の問題は別にして、子どもたちが青年期になっても自立へと駆り立てることのない親が多くなっているため、子どもたちは自立が進まず、そんな自分に自信がもてず、自己肯定感も高まらないということがある。

子どもを呑み込み、自立を許さない母性

分析心理学を確立したユングは、母性には肯定的な側面と否定的な側面があるとし、母性的なものの特徴として、つぎのようなものをあげている。
・女性的なものの魔的な権威

・慈悲深きもの、庇護《ひご》するもの、担うもの
・成長と豊穣と糧を恵むもの
・魔的な変貌、再生の場所
・人を助けようとする本能あるいは衝動
・秘めやかなもの、隠れたもの、暗いもの、深淵、死者の国
・呑《の》み込み、誘惑し、毒するもの、不安を起こさせ逃れ得ないもの

これらをまとめて、母性的なもののもつ三つの本質を指摘している。

①慈しみ育てる慈愛
②狂乱の情感性
③冥府的な（死後の世界のような）暗さ

①はまさに母性の温かく包み込むやさしさを指すものであり、肯定的な面である。②は母性にみられる情動の激しさを指すものといえる。③は母性の否定的な面、つまりしがみつき呑み込んで自立を妨げる性質を指すものといってよいだろう。

このような肯定的側面と否定的側面を併せもつ母性だが、それは女性に限らず男性の心の中にもあるものとみなされる。父性原理の強い欧米社会とは対照的に、母性原理の強い日本社会では、ともすると父親も母親も母性的存在となりがちである。

母性原理がもともと強く機能している日本だが、表面上の厳しささえも薄れることにより、③のような母性の否定的な面が強まり、子どもたちの自立に向かう力が弱まり、ひ弱な心が育つことが危惧される。

かつて不登校の急増が問題となった頃、ユング心理学者の河合は、不登校の子どもが母性の否定的な側面を象徴するかのような夢をみることがあるとして、いくつかの事例をあげている。

たとえば、ある中学生は、自分が「肉の渦」に巻き込まれて死にそうになる夢をみたという。別の中学生は、土の中にだんだん吸い込まれていき、恐ろしさのあまり叫び声をあげて目をさましたという。

これらの夢の渦や土に象徴されているのが、呑み込み、吸い込みして、ついには死に至らしめる、母性の否定的な側面である。このような力に足を取られては、自立に向かって歩み出すことができない。

秘密をもち、反抗して、自分づくりに向かう時期

作家島田雅彦《まさひこ》は、母性に包まれた保護空間で自立に向かう力を奪われた若者の心の葛藤を描いている。その作品では、大学生のクルシマとイノナカは、反抗期をかすめ取られてしまい、反抗期を取り戻そうともがく青年として描かれている。

「管理社会には規則があります。規則を守れない人は出ていって下さい」という調子で冷たく突き放されれば、それに対する反発という形で反抗期が訪れるものだが、クルシマもイノナカもカプセルの中で庇護されていて、直接冷たい壁にぶち当たることがなかった。

「彼らの見た管理の壁にはビロードの布が貼ってあり、頬ずりなどしていたのだ。彼らは笑顔の両親や教師にまんまとだまされ、カプセルに軟禁されていたのだ。一度いい子

になったら、いい子のままでいたいと思うものである。悪い子になったら、その責任は自分で負わなければならないのだから。」（島田雅彦「カプセルの中の桃太郎」『優しいサヨクのための嬉遊曲《きゆうきょく》』福武文庫、所収）

このように育ったため、彼らは親との間に心理的な壁を築くことをしていなかったのだろう。「反抗期ってあった？」というイノナカの問いかけに対して、

「（前略）万引きしたことがあるんだ（中略）確かにそれは反抗期の一つの現れだったと思うんだが……すぐにいい子に戻っちまった。いや、つい親に喋《しゃべ》っちゃったんだ。嬉々として『俺、万引きしたんだぜ』ってね。全然怒らなかった。わずか一言で僕は黙ってしまった。『親を泣かせるようなことはしないでね』だってさ」

と、クルシマは反抗らしきことをしたときの成り行きについて語る。

「そうか。その一言で反抗する気がそがれちゃったわけだ」

「ああ、本当は反抗したかったんだよ、当時の僕は。だけど、まわりがこう、なんていうか、クッション張りみたいになっててさ。反抗しようと思っても全然手応えがないんん

だよ。反抗するエネルギーはクッションで和らげられて……それでおしまいだよ」

そして、クルシマとイノナカは、盗まれた反抗期を取り戻そうともがくことになる。

今、やさしさが大流行である。この小説が書かれたのは一九八〇年代だが、その後「ほめて育てる」「叱らない子育て」といったキャッチフレーズが広まって、ものわかりの良すぎる親たちが世の中に蔓延《まんえん》し、反抗期を奪われた若者たちが大多数を占めるようになった。

だが、それはほんとうにやさしいのだろうか。先程指摘したように、それは表面的なやさしさにすぎないのではないか。

友だち親子を好む母親に自分は反抗して自立できたが、弟は反抗できず、友だち親子をずっと続け、何でも親に話すというかかわりから抜け出せず、そのせいで大学生になった今も友だちができないから心配だといって相談に来た学生もいる。

自分の親はやさしいのかもしれないけれど、こっちの機嫌を窺《うかが》っているようなところがあって、何だか頼りない、親にはもっと堂々としてほしい、親が厳しく文句を言ったり叱ったりするという友だちは、そんな親に腹が立つと言うけれど、そういう毅然《きぜん》とした親の方が頼りがいがあって羨ましいという学生もいる。

やたらものわかりの良い親よりも、反抗できるようなどっしりとした親の方が、自立への道を歩むきっかけをつくってくれるという意味で、ほんとうにやさしい親なのかもしれない。

第5章　一人を持ちこたえる力

さみしさを取り戻す

もし自分の親が、何でもこちらに合わせてくれて、子どもから反抗期を奪ってしまうような親の場合は、その甘さに溺れないように、自ら自立への道を模索する必要がある。

子離れしない親に子離れさせるにはどうしたらよいか、親離れするにはまずどうするのがよいか、などといった相談を学生から受けることがある。

話を聞いてみると、親が自分の価値観をぶつけてくるようなことがないため反抗する気持ちも湧かないし、要求は何でも受け入れてくれるし、こちらの気持ちを汲《く》み取り、こちらに合わせてくれるため、友だちとつきあうより楽だし、子どもの頃の延長で親子で一緒に楽しく過ごしている、というような親子関係であることが多い。

親子のあり方は家庭によってさまざまだし、それぞれの個性があってよいが、将来的な自立ということを考えたら、徐々に親との間に心理的距離を取っていくことが必要だろう。そのためには、物理的距離を取るようにするのも効果的だ。

子離れしてくれない親から自立するために、あえて遠方の大学に進学して、一人暮らしを始めたという学生もいる。それも一つの方法だ。

でも、そこまできっぱりと離れることがなくても、日々の生活の中で物理的に距離を取るように心がけることはできる。休日に親と出かけていたのを徐々に減らし、友だちと出かけるようにするとか、一緒に出かける友だちが都合よく見つからないときは一人で買い物に出かけたり、何かのイベントに参加したり、スポーツ観戦したり、郊外に散策に出かけたりするのもよいだろう。

大学生くらいにもなれば、一人旅に出るのもよいだろう。すべての行動を自分で仕切るという意味でも、親と一緒に過ごす日常とは異なるが、日頃暮らしている街から遠く離れ、知らない街を歩き回ったりしながら解放感と不安を味わうのも、自立をめぐる葛藤に通じるものがある。

　前は休日や連休には家族で出かけていたのに、この頃は友だちと出かけることが多く、どこかに行こうと誘っても友だちと約束があるといって断られるからさみしい。そんなふうに嘆く親の声をしばしば耳にするが、そうしたことがきっかけとなって親も自分自身の楽しみ方や時間の潰し方を模索するようになり、子離れが進んでいく。

　ゆえに、親をさみしがらせてはいけないなどと思う必要はない。自立できないままに大人になってしまったら、かえって後々親に心配をかけることになる。今、四〇代以上の引きこもりが深刻な社会問題になっているが、そのような人たちの親は、すでに老人になっており、わが子の将来が心配でたまらないはずだ。

　その意味でも、親からの自立の道を遠慮なく歩んでいけばよい。親の愛情に包まれて過ごす場から束の間でも離脱し、さみしさを味わう。そのように一人の時間を過ごすようにすることが自立への第一歩となるだろう。

一人でいられる力がないと不毛なつながりに縛られる

仲間と群れていれば気が紛れるけれど、どうでもいい雑談で盛り上がるばかりで、ほんとうに気になっていることなど内面的な話ができず物足りない。

週末、学校が休みで仲間に会えないときなど、一人でいることに耐えられなくなって、繁華街に出かけ、群集の中に身を置いても、気が紛れるのは束の間のことで、周囲の人たちと心のふれあいがまったくないことにさみしさを感じる。

夜中にさみしくなったときも、街中でふとさみしくなったときも、SNSで友だちとやりとりすることで、少しは気が紛れるものの、結局相手は手の届かないところにおり、群集の中の孤独に似た気持ちにならざるを得ない。

自分と向き合う重圧に耐えられないため、絶えずだれかとつるんでいるけれど、けっこう気をつかい、空気を読んで合わせるばかりで、鬱陶しく思うこともある。

そのような気持ちについては、すでに第3章で指摘した。ただ群れているだけの不毛なつながりにしがみついているだけでは、自立に伴うさみしさを乗り越える力になるような親密な絆《きずな》を手に入れることはできない。

親密な絆を手に入れるには、まずは不毛な繋《つな》がりへの依存状態から脱する必要がある。そうはいっても、雑談で盛り上がる友だち関係を絶つべきだというわけではない。そうした気晴らしも、日常生活において大切な要素といえる。ただし、絶えずつながっていないと落ち着かないというような心理的依存状態から脱し、一人の時間も過ごせるようにすることが大切だろう。

一人になると、どうしても自分自身と向き合わざるを得なくなる。気が重いかもしれないが、自分と向き合うことで何らかの気づきが生じる。あれこれ思いをめぐらすことで、自分自身に対する洞察が深まる。

さらには、一人でいることでさみしさを感じるため、だれかと気持ちを分かち合いたくなる。とくに自分と同じような立場にある友だちと思いを共有したくなる。それが親密な絆を築くことにつながっていく。

見捨てられ不安を克服する

ほんとうに親密な関係を築くには、見捨てられ不安を克服する必要がある。見捨てられ不安というのは、相手から見限られるのではないか、せっかく身近な存在になれたのに離れていってしまうのではないかという不安のことだ。

見捨てられるという言葉が強烈なため、自分には縁がないと思うかもしれないが、これを潜在的に心の中に抱えている人がけっこういるのではないか。

親しい友だちができると、自分なんてつまらない人間だから飽きられてしまうのではないかと思ってしまう。別の友だちと仲良くなって、自分から離れていってしまうのではないかと思うと気持ちが落ち着かない。心当たりはないだろうか。それは、まさに見捨てられ不安によるものと言える。

友だちができないといって相談に来ていた学生が、今度は友だちができたといって相談に来たことがある。せっかくできた友だちに変な自分を出すと離れていってしまうと思うと不安が募り、友だちと会うのが怖くなり、誘いから逃げてばかりいるが、このままではまずいと思って相談に来たというのだ。これも、見捨てられ不安に脅かされているわけである。

見捨てられ不安は、つぎのような思いの背後に潜んでいることが多い。

①できるだけ人に負担をかけたくないという思いが強い
②相手が不機嫌な様子だと、自分のせいではないかと気になる
③メールやSNSで返信がないと、避けられているのかもしれないと思い、不安になる
④相手からどう思われるだろうと気にしすぎて、なかなか自分を素直に出せない
⑤場を盛り上げるために無理してはしゃぐことがある
⑥友だちから誘われると、気が進まない場合でも断れない
⑦友だちとどこに行くにも、何をするにも、友だちに合わせる
⑧意見が対立すると気まずいから、あまり自己主張はしないようにしている
⑨無理していい人を演じている自分に疲れることがある

⑩みんなと別れて一人になると、ドッと疲れが出る

見捨てられ不安は、乳幼児期の親子の愛着関係に起源があり、親が子の要求すべてに適切に対応できるわけではないので、だれもが多かれ少なかれ心の奥底に抱えているものである。ゆえに、あてはまる項目があるのは当然のことである。ただし、あまりに多くの項目があてはまるようなら、自分の中の見捨てられ不安が友だちづきあいをかなり窮屈なものにし、表面的なかかわりしかもてなくなっている可能性を疑ってみるべきだろう。

強すぎる甘えを克服する

自立していく上で大切なこととして、甘えの克服がある。

もっとも日本の社会においては、甘えが人間関係の基本になっているので、甘えを完全に克服するのは不可能だし、そうする必要もない。良好かつ健全な人間関係を築く上においても、甘えが果たす役割は小さくない。

親や友だちに対して、「なんでわかってくれないの？」「わかってくれたっていいじゃないか」と思い、イライラすることはないだろうか。そこには「当然わかってくれるだろう」「きっとわかってもらえるはず」といった期待がある。

甘え理論を提唱した精神分析学者の土居健郎《たけお》は、甘えの心理的原型は乳児期に求められ、「甘えの心理は、人間存在に本来つきものの分離の事実を否定し、分離の痛みを止揚しようとすることであると定義することができる。」（土居健郎『「甘え」の構造』弘文堂）という。

つまり、親子といえどもけっして一心同体ではなく、切り離された別々の個体だという厳然とした事実を受け入れがたく、一体感の幻想にすがろうとする心理が、甘えの基礎になっているというわけだ。

いわば甘えというのは、個と個が分離しているという冷たい現実を受け入れたくないという思いから心理的一体感を求めることである。

心理的に一体なのだから、「わざわざ口に出して言わなくても、きっとわかってくれるはず」といった思いが心の片隅にある。それが甘えの心理ということになる。

自己主張を軸に対人関係を結ぶ欧米人と違って、僕たち日本人は相手の期待に応《こた》えたい、相手の期待を裏切りたくないという思いを軸に対人関係を結ぶ。それと同時に、相手もこちらの期待を裏切らないはずといった期待がある。その意味では、日本社会においては甘えの心理が人と人を取り結ぶと言ってよいだろう。

だが、そうした期待が空振りに終わると、「裏切られた思い」に駆られ、落胆すると同時に、攻撃的な気持ちが湧いてくる。

土居によれば、甘えたい気持ちがそのままに受け入れられないとき、「すねる」「ひがむ」「ひねくれる」「恨む」といった心理が生じ、そこに被害者意識が含まれる。

素直に甘えさせてくれないから「すねる」わけだが、すねながら甘えているとも言える。その結果として、「ふてくされる」「やけくそになる」というようなことになる。

自分が不当な扱いを受けたと曲解するとき「ひがむ」わけだが、それは自分の甘えの当てが外れたことによる。

甘えないで相手に背を向けるのが「ひねくれる」だが、それは自分の甘えの期待に応えてくれなかったと感じることによる。

甘えが拒絶されたということで相手に敵意を向けるのが「恨む」である。

このように甘えが思うように通じないとき、すねたりひがんだり恨んだりするわけだが、そこには被害感情がある。

お互いに依存し合い、甘えを介してつながっている日本人の人間関係では、甘えが阻止されたときに、欲求不満による攻撃性が生じる。甘えが拒絶されたことによって生じる怒り反応。それが甘え型の攻撃性である。

そこには、甘えと一見正反対の恨みが生じたりするが、じつはそれらは同じ根っこから生じているのである。

「わざわざ言わなくてもきっとわかってくれる」「こっちのことを気にかけてくれているはず」と期待しているのに、そうした期待が裏切られ、甘えの欲求が阻止されたときに、欲求不満による攻撃性が生じるのである。

「なんで汲み取ってくれないんだ」「わかってくれたっていいじゃない」「わざわざ言わないとわからないないなんて冷たすぎる」といった反応が、甘え型の攻撃性の発露ということになる。

こうした心理は、日本社会で自己形成してきた人ならだれもがもっているものだが、それが強すぎると、関係が深まりかけたところで欲求不満が募り、甘え型攻撃性が猛威を振るい、せっかくの関係の進展を阻害することになりかねない。

わかってほしいという気持ちはだれもがもつものだし、親しい相手に対して、わかってくれるはずといった期待を抱くのも自然なことだ。しかし、相手が心の中で何を思っているか、何を感じているかなど、なかなかわかるものではない。ゆえに、相手としては、甘え型攻撃性ですねたりふてくされたりされてもどう対処したらよいかわからず、それが度を越すとめんどうくさくなり、「わけわからない」「勝手にイライラするなよ」と攻撃的な気持ちが湧いてきて、お互いにイライラしてしまう。

「わかってほしい」「わかってくれるはず」といった期待が強いほど、そうした期待が裏切られがちな現実に傷つき、さみしさに押し潰されそうになる。

結局のところ、他の人の心の中を、相手が期待しているほどに汲み取るのは不可能なのである。ゆえに、親密な絆を築いていくには、人間存在の個別性を念頭において、強すぎる甘えを克服することが必要となる。

一人にならないと心の声は聞こえてこない

一人でいられる力がついてくると、さみしさを知っている者同士の間で親密な絆ができる可能性が開かれてくる。だが、一人でいられるようになると、もっと別の恵みも享受することができる。

何か迷いが生じたときや、方向性を見失ったときなどは、自分の心の声に耳を傾ける必要があり、そのためには一人になれる時空をもたなければならない。これについて、心理臨床家のムスターカスは、つぎのように説いている。

「一つのことをあらゆる角度から理解したり、自己と他者についての深い真実を垣間見《かいまみ》ることができるようになるためには、ひとりになって、真実の自己を知るための率直な問いかけや、瞑想《めいそう》を行うことが必要となる。」（ムスターカス／片岡康・東山紘久《ひろひさ》訳『愛と孤独』創元社）

「自分が本当に進むべき道は無理に急いで求めようとしても無駄である。新しい気づきと、将来の活動への指針が得られるような自己との対話は、向こうからおのずとやって来るのである。例えば、静かな自然の中で沈黙にひたり、静寂に身を任せている時、あるいは、音楽に耳を傾けている時、自分自身の気持ちに正直に伸び伸びと文章を書いている時、自由に絵を描いている時、あるいは、自由に身体を動かし、リズムを取ってダンスをする時のように肉体が解放されている時に、それは私たちの許《もと》をふと訪れてくる。これから自分が歩んで行く方向や、これからの活動に対する指針は、自分自身との対話を経て初めて明らかになってゆく。」（前掲書）

日常生活を振り返ってみればわかるように、だれかと一緒のときは、目の前にいる相手のことが気になって、自分の世界に沈潜することができない。つまり、思索にふける

ことができない。ＳＮＳでだれかとつながっているときも同様である。

常に人と群れていると、ものごとを自分の頭でじっくり考える習慣がなくなっていく。絶えず目の前の刺激に反応するといった行動様式が常態化し、じっくり考えることができなくなる。

発想を練るのは一人の時間にかぎる。周囲と遮断された状況でないと、思考活動に没頭できない。一人になると、自然に自分と向き合い、さまざまな思いが湧いてくる。一人の時間だからこそ見えてくるものがある。

こうしてみると、ＳＮＳの発達のせいで、どうしてもつながり依存に陥りがちだが、何としても一人でいられる力をつける必要があることがわかるだろう。

自分と向き合う静寂な時間が気づきを与えてくれる。どこかで感じている焦りの正体。毎日繰り返される日常への物足りなさ。どこか無理をしている自分。日頃見過ごしがちなこと。どこかに置き去りにしてきた大切なこと。そうしたことを教えてくれる心の声は、一人になって自分の中に沈潜しないと聞こえてこない。

ときには退屈な時間を過ごすのもよい

今の時代、だれにも邪魔されない一人の時間をもつのは、非常に難しくなっている。電車に一人で乗っていても、家に一人でいても、ＳＮＳでメッセージが飛び込んでくる。そうすると気になり読まないわけにいかない。読めば反応せざるを得ない。そうすると、他の人がどんな反応をするかが気になる。自分の反応に対してどんな反応があるかが気になって落ちつかない。

スマートフォンで他の人たちの動向をチェックする合間に、手持ちぶさただからいろいろネット検索をしたり、YouTubeを楽しんだりして時間を潰す。そうしている間は、まったくの思考停止状態となり、自分の世界に没頭することなどできない。

人からのメッセージに反応する。飛び込んでくる情報に反応する。そのように外的刺激に反応するだけで時が過ぎていく。

そんな受身の過ごし方をしていたら、当然のことながら自分を見失ってしまう。そんな状態から脱するには、思い切って接続を極力切断する必要がある。

外的刺激に反応するだけでなく、自らあれこれ思いをめぐらしたり、考えを深めたりして、自分の中に沈潜する時をもつようにする。外的刺激に翻弄されるのをやめて、自分の心の中に刺激を見つけるのである。

もちろん、そのために外的刺激を利用するのも有効だ。たとえば、読書の時間をもち、本に書かれた言葉や視点に刺激を受け、それによって心の中が活性化され、心の中をさまざまな言葉が飛び交う。そうした自らの内側から飛び出してきた言葉に刺激され、さらなる言葉が湧き出てくる。私たちの思考は言葉によって担われているため、それは思考の活性化を意味する。

外的刺激に反応するスタイルに馴染《なじ》み過ぎてしまうと、スマートフォンやパソコンを媒介とした接続を遮断されると、何もすることがなくなった感じになり、退屈でたまらなくなる。そこで、すぐにまたネットを介したつながりを求めてしまう。

だが、外的刺激に反応するだけの受け身の生活から脱して、自分の世界に沈潜するには、あえて退屈な時間をもつことも必要なのではないか。

西洋古典学者トゥーヒーは、退屈に関する考察において、「退屈というのは適応感情である」という視点に立ち、つぎのように述べている。

> 「たぶん退屈は、痛風や狭心症と同じようなものとして見るべきだろう――生活習慣を変えないと、もっとひどいことが起こりますよというサインとして。
>
> 退屈に治療の必要はない、それがわたしの論理である。すべての適応感情がそうであるように、退屈には用途があるようなのだ。したがって退屈の最良の「治療法」は、この感情のアドヴァイスに従い、退屈を引き起こしている状況から立ち去ることである。治療するとかではなく、この感情が発しているアドヴァイスに注意を払うという考え方をするのがベストなのだ。」（ピーター・トゥーヒー／篠儀《しのぎ》直子訳『退屈――息もつかせぬその歴史』青土社）

退屈を引き起こしている状況から立ち去るといっても、接続を絶たれた状況から立ち去り、再び接続過剰な状況に戻るというのでは意味がない。退屈というものをもっと建設的な方向に活かす方法を模索すべきだろう。そういった視点に立つと、トゥーヒーのつぎのような指摘も示唆に富む。

「退屈は、知的な面で陳腐になってしまった視点や概念への不満を育てるものであるから、創造性を促進するものである。受容されているものを疑問に付し、変化を求めるよう、思想家や芸術家を駆り立てるのだ。テレサ・ベルトンとエスター・プリヤダルシーニによる魅力的な論文「退屈と学校教育」によると、このことは学童にもあてはまるという。退屈は「批判的内省の可能性を内包しており、［生徒たちの］創造性を強力に刺激するものとなりうる」と二人は考え、「［教室での］一定程度の退屈は、思索や夢想、空想の余地を与えてくれるので、新鮮な気持ちで学習に戻ることができる」と提案する。」（同書）

近頃は退屈しないように、あらゆる刺激が充満する環境が与えられているが、あえて刺激を絶ち、退屈でしかたがないといった状況を自ら生み出すのもよいだろう。

そんな状況にどっぷり浸かることで、自分自身の内側から何かがこみ上げてくるようになる。心の声が聞こえてくるようになる。

それが、受け身で反射的な生活から、主体的で創造的な生活へと転換するきっかけを与えてくれるはずだ。

一人でいられるのは成熟の証

そこで問題なのは、「一人はかっこ悪い」という感受性である。

これまでにみてきたように、一人でいられないことの弊害を考えると、「ひとりはかっこ悪い」といった感受性を克服する必要がある。

かつてのように、若者たちが孤高を気取る雰囲気を取り戻すのは難しいかもしれないが、学校などで群れる時間をもちながらも、一人の時間をもつようにしたい。

一人でいられないのは、自分に自信がないからだ。絶えず群れている人間は弱々しく見えるし、頼りなく見える。無駄に群れて時間を浪費しているということは、本人自身、心のどこかで感じているのではないか。

一人で行動できるというのは、かっこ悪いのではなく、むしろかっこいいことなのだ。

一人で行動できる人は頼もしい。一人の時間をもつことで思考が深まり、人間に深みが出る。そこをしっかり踏まえて意識改革をはかることが必要だ。

幼児のアタッチメントの発達、つまり親子の愛着の絆の形成をみる際にも、安心して一人で活動できるかどうかが重視される。

たとえば、主な養育者である母親との愛着の絆がちゃんとできていれば、見知らぬ人がいる実験室に連れて行かれても、母親が実験者と話している間に、部屋に置いてあるオモチャで一人で遊んだり、部屋の中をうろうろして気になるものをいじって回るなどして過ごすことができる。

愛着の絆があれば、母親が近くにいるだけで、安心して一人遊びに没頭したり探索行動を取ったりできるのである。

ところが、母親との愛着の絆がしっかりできていないと、同じ部屋に母親がいても、慣れない場所で、しかも見知らぬ人がいると、気持ちが落ち着かず不安になり、母親にしがみつくような感じになり、探索行動を取ったり、一人で遊びに没頭したりすることができない。

このような心理学の実験結果に基づいて考えても、心の中に何らかの絆ができていれば一人でいても大丈夫なわけで、一人でいられるのは成熟の証ということになる。もちろん、絆となるような信頼関係を築いていることが前提となる。

精神科医ウィニコットも、だれかの傍《そば》で一人になれる能力というものを重視している。見守ってくれる人がいるから、安心して一人で楽しむことができるというわけだ。

そのうちに、愛着の対象が心の中に住むようになると、その人物が実際に傍にいなくても、安心して一人で楽しむことができるようになる。気持ちが通じている相手がいるという思いがあるからこそ、何の不安もなく一人でいることができるのである。

そうした心の中に住む愛着の対象が、児童期までは親であった。だが、青年期になり、親からの自立への道を歩むという課題に直面した際、親だけが心の支えというのでは前に進めない。親との心理的距離を取るためには、別の絆、同世代の仲間との絆が必要となる。

その意味でも、深くつきあえる親密な相手をもつことが大切である。気をつかうばかりでホンネを出せないつきあいがいくらあっても助けにはならない。何でも遠慮なく言い合うことができる、気を許せる相手をもつことによって、孤独を恐れずに一人の時間を有意義に過ごせるようになる。

そのような親密な関係を築くには、自己開示する勇気、ホンネをさらけ出す勇気が求められる。ウケ狙いの雑談でいくら盛り上がっても、親密な関係にはならない。自己開示には不安がつきものだ。わかってもらえないんじゃないか、そんなこと考えているのかとバカにされたら傷つく、引かれちゃったらどうしよう、などと。

だが、思い切って自己開示すると、たいていは好意的反応が返ってくるものだ。向こうも自己開示してくれ、関係が深まっていくきっかけになることが多い。万一、否定的な反応が返ってきたら、この先ほんとうに親密な関係に進むことを期待できる相手ではないということがわかってよかったとも言える。

一人でいる時間が成長につながるし、大事だとわかっても、心の絆が得られるような相手がいないと、安心して一人の時間を楽しむということができない。ゆえに、多少のリスクは覚悟のうえで、思い切って自己開示してみることも必要となる。

親密な絆を築いていく際には、「わかってほしい」という気持ちばかりを意識するのではなく、「わかってあげたい」という思いを相手に向けることも大切だ。

親との絆と違って、対等な関係の中での絆は、受け身で期待しているだけでは築くことができない。能動的な心の構えが必要だ。相手に期待するだけでなく、相手の気持ちを受け止めることができるようにする。相互性が作用することが欠かせない。

お互いが自己愛の中に閉じこもっていては絆などできない。お互いに自分を超え出たところで気持ちが触れ合う。そんな感じのやりとりを通して親密な絆ができていく。それが自立への歩みを押し進めてくれるはずだ。

おわりに

「さみしさ」という言葉には、どこか郷愁を誘うものが漂う。「さみしさ」は、人間の原点なのではないか。そんな思いに駆られることがある。なぜだろうか。

それは、母親の胎内から離脱し、この世に生まれた時点から、僕たちは独立した個体として、厳しい現実を生きていかねばならない運命を背負うことになるからではないか。

それでも、乳幼児期や児童期には、家族という保護膜に包まれ、「さみしさ」を忘れて呑気《のんき》に生きることができる。そんなことはない、子どもの頃にも悩むことはあったし、けっして呑気な子ども時代ではなかった、という人もいるだろう。もちろん子どもには子どもなりの悩みも苦しみもあるものだが、多くの場合、家族との一体感の幻想に支えられ、孤独な存在としての自分に直面せずにいられる。

ところが、青年期の入口に差しかかる頃になると、自己意識の高まりとともに、家族との間にも亀裂が見えてきて、一体感の幻想が崩れる。自分の人生は、自分ひとりで背負っていかねばならないのだと思い知らされる。そのとき、痛切な「さみしさ」に襲われる。その「さみしさ」は、自立への道を歩み始めた徴《しるし》とも言える。

そんな観点から、「さみしさ」をめぐって考察をめぐらせてみた。何気ない日常の中で、ふと「さみしさ」を感じることがあるという人。この頃「さみしさ」や孤独という言葉が気になるようになったという人。自立をめぐって思い悩むことがあるという人。そんな人に考えるヒントを示すことができればという思いで、この本を書くことにした。

本書をまとめる機会を与えてくれた筑摩書房の北村善洋さんには心からお礼を申し上げたい。

榎本博明

二〇二〇年三月一日

chikuma primer shinsho

ちくまプリマー新書351

「さみしさ」の力《ちから》　孤独《こどく》と自立《じりつ》の心理学《しんりがく》

二〇二〇年五月十日　初版第一刷発行

著者　榎本博明（えのもと・ひろあき）
装幀　クラフト・エヴィング商會
発行者　喜入冬子
発行所　株式会社筑摩書房
東京都台東区蔵前二-五-三　〒一一一-八七五五
電話番号　〇三-五六八七-二六〇一（代表）
印刷・製本　中央精版印刷株式会社

ISBN978-4-480-68375-5 C0211 Printed in Japan